처음부터 배우는 투자 심리학

처음부터 배우는
투자 심리학

백광석 지음

프롤로그

돈은 이성을 시험하고, 마음을 드러낸다

처음 투자를 시작하면 누구나 비슷한 경험을 한다. 계좌를 열고 주가 그래프를 바라보며 수익이 오르면 기분이 들뜨고, 떨어지면 가슴이 철렁 내려앉는다. 뉴스 한 줄에 판단이 바뀌고, 친구의 수익 인증 하나에 마음이 조급해진다. 하루 종일 시세를 확인해도 결과는 제자리일 때가 많다. '왜 이렇게 투자란 게 어렵지?'라고 생각하지만, 사실 어렵다기보다 마음이 정리되지 않은 경우가 훨씬 많다.

돈을 잃어서 힘든 게 아니라, 감정이 앞서 흔들릴 때 더 지친다. 손실이 나면 불안하고, 이익이 나면 욕심이 커진다. 시장을 이기려다 보면 어느새 내 감정에 휘둘리고, 결국 차트보다 내 마음이 더 큰 파도를 만든다. 투자를 잘하는 사람은 시장을 완벽히 예측하는 사람이 아니라, 감정을 다루는 법을 아는 사람이다. 조급할 때 멈추고, 손실 속에서도 평정을 유지하며, 불안할수록 더 천천히 생각하는 사람이다.

하지만 이런 마음의 기술은 아무도 가르쳐주지 않는다. 뉴스는 종목 이야기만 하고, 책들은 차트와 지표만 설명한다. 그래서 우리는 마음을 다루는 법을 결국 혼자 부딪히며 배운다. 돈이란 결국 감정의 거울이라, 마음이 불안하면 투자도 흔들리고, 마음이 안정되면 시장의 흐름도 다르게 보인다.

이 책은 바로 그 막막함에서 출발했다. 돈보다 마음이 먼저라는 단순한 진리를, 누구나 이해할 수 있는 언어로, 그리고 오늘 바로 실천할 수 있는 심리 루틴으로 풀어냈다. 불안과 욕심, 후회와 조급함을 다스리는 방법을 배우다 보면, 숫자보다 중요한 건 결국 '태도'라는 사실을 깨닫게 된다.

투자는 기술이 아니라 마음의 싸움이다. 감정을 다스리면 판단이 명확해지고, 평정심이 생기면 수익은 자연히 따라온다. 마음이 흔들리지 않으면 시장의 소음에도 휩쓸리지 않는다.

이제부터 하나씩, 아주 천천히 마음을 다뤄보자. 감정을 이해하고 정리하는 순간, 돈보다 더 중요한 걸 얻게 될 것이다.

백광석

차 례

프롤로그 _ 돈은 이성을 시험하고, 마음을 드러낸다　　　　　　　4

1장
돈 앞에서 흔들리는 이유

01 수익보다 마음이 먼저 무너진다　　　　　　　　　　　　11
02 돈을 잃을 때 생기는 감정의 폭풍　　　　　　　　　　　16
03 '다들 산다는데'가 위험한 이유　　　　　　　　　　　　21
04 불안할수록 손이 먼저 움직인다　　　　　　　　　　　　26
05 투자에서 가장 중요한 건 평정심이다　　　　　　　　　31

2장
흔들리는 투자자의 20가지 순간

01 첫 수익에 실력이라 착각한 날　　　　　　　　　　　　37
02 친구의 수익 인증에 덜컥 주식을 산 이유　　　　　　　41
03 유튜브 영상 하나에 결정을 바꾼 순간　　　　　　　　47
04 통장보다 꿈이 커져버린 첫 투자 경험　　　　　　　　52
05 파란 그래프 하나에 마음이 무너진 날　　　　　　　　56
06 뉴스 속 한 문장에 판단이 흔들린 이유　　　　　　　　61
07 남의 수익률에 나도 따라 사고 싶어진 날　　　　　　66
08 새벽 두 시, 흔들리는 마음　　　　　　　　　　　　　71

09 전문가의 조언을 맹신한 결과	76
10 확신이 감정을 덮을 때 판단은 흐려진다	81
11 인정하지 못할수록 손실은 커진다	86
12 감정으로 선택하고 이유를 덧붙이는 마음의 습관	90
13 놓친 것에 매달리는 마음	95
14 손해보다 두려운 건 인정이다	100
15 잃음을 채우려다 더 잃는 인간의 반복	105
16 후회는 기억보다 감정의 잔상이다	110
17 기록은 감정을 객관화하는 첫걸음이다	115
18 속도를 늦추면 비로소 보이는 것들	121
19 잃음이 주는 배움의 시간	127
20 세상보다 나를 먼저 다스리기로 한 약속	131

3장
흔들리지 않는 투자 루틴

01 투자 전 반드시 점검해야 할 세 가지 질문	137
02 일관된 기준이 감정을 진정시킨다	141
03 하루 10분 마음 정리 일기의 힘	145
04 조급함을 다스리는 나만의 속도	149
05 반복이 불안을 이긴다	154

4장
숫자보다 중요한 건 마음의 균형이다

01 욕심이 앞설 때 냉정함을 잃는다	159
02 너무 일찍 만족하는 마음이 성장을 막는다	163
03 손실을 피하려다 더 크게 흔들리는 심리	167
04 흔들림 속에서도 중심을 지키는 법	171
05 시장보다 나 자신을 먼저 이해하기	175

5장
돈에 휘둘리지 않는 사람들

01 혼란 속에서도 침착함을 유지하는 사람의 비밀	181
02 손실을 받아들이는 용기	185
03 조급함 대신 기다림을 선택하는 법	189
04 꾸준함이 결국 이긴다	193
05 진짜 부자는 마음을 다스리는 법을 안다	198

6장
투자에도 휴식이 필요하다

01 몰입이 지나치면 시야가 좁아진다	203
02 목표를 쫓을수록 실수는 커진다	207
03 일상 속에서 감정을 회복하는 법	211
04 멈출 때 보이는 새로운 가능성	215
05 여유가 결국 최고의 수익률을 만든다	219

〈처음부터 배우는〉 시리즈

"처음부터 배우는" 시리즈는 특정 주제에 대해 막연한 두려움을 가진 초보자와 일반 독자들이 쉽고 명확하게 이해할 수 있도록 기획되었습니다. 처음 접하는 사람들에게 복잡하고 어려운 내용을 친숙하고 간단한 방식으로 풀어내어 학습에 대한 부담을 덜어주고자 했습니다. 이 시리즈는 누구나 쉽게 시작할 수 있도록 구성되었으며, 실생활에서 바로 활용할 수 있는 실용적인 지식과 팁을 제공하여 독자들이 자신감을 가질 수 있도록 돕습니다.

또한, "처음부터 배우는" 시리즈는 초보자들이 핵심 개념을 반복적으로 접하고 이해를 깊이 할 수 있도록 중복된 내용을 일부 포함하고 있습니다. 이는 같은 개념을 여러 번 강조하여 독자들이 중요한 포인트를 놓치지 않고, 핵심적인 내용을 확실히 숙지하도록 돕기 위한 의도입니다.

부제인 "일 잘하는 사람들의 비밀 노트"는 각 분야의 성공적인 사람들이 지식을 활용하고 문제를 해결해 나가는 방식을 비밀 노트처럼 쉽게 설명하고자 하는 의도를 담고 있습니다.

돈 앞에서 흔들리는 이유

01
수익보다 마음이 먼저 무너진다

돈을 벌기 위해 투자를 시작하는 사람은 많다. 하지만 막상 시장에 들어서면 숫자보다 먼저 흔들리는 건 언제나 마음이다. 주가가 오르면 자신감이 솟구치고, 조금만 떨어져도 불안이 몰려온다. 이익과 손실은 단순한 숫자가 아니다. 그것은 '나는 잘하고 있는가'라는 스스로에 대한 평가로 변한다. 그래서 돈의 흐름에 따라 감정도 함께 들썩이고, 결국 투자자는 시장이 아니라 자기 마음과 싸우게 된다. 문제는 대부분이 그 싸움이 시작된 줄도 모른 채 이미 감정에 휘둘리고 있다는 것이다.

불안은 숫자보다 빠르게 찾아와 판단을 흐린다

투자에서 가장 먼저 오는 손실은 돈이 아니라 마음의 평정이다. 주가가 조금만 하락해도 '혹시 잘못된 판단을 한 건 아닐까?'라는 의심이 들고, 그 의심은 곧 불안으로 번진다. 인간의 뇌는 손실을 이익보다 두 배 이상 크게 느끼도록 만들어져 있다. 그래서 10만 원을 벌었을 때보다 10만 원을 잃었을 때 더 강한 감정의 충격을 받는다. 이런 감정은 논리적인 판단보다 훨씬 빠르게 반응해 행동을 바꾸어버린다. 차트를 계속 확인하거나, 근거 없는 뉴스에 집착하며 안정을 찾으려 하지만 그럴수록 불안은 깊어진다. 결국 불안은 '현실의 손실'이 아닌 '마음속의 공포'로부터 시작된다.

감정이 앞서면 원칙은 쉽게 무너지고 후회는 늦게 온다

감정은 보이지 않게 결정을 지배한다. 처음에는 '나는 냉정하게 판단할 거야'라고 다짐하지만, 막상 시장이 출렁이면 마음이 먼저 반응한다. 한 번의 급락이 오면 '지금이라도 팔아야 하나'하는 생각이 들고, 반대로 잠깐 오르면 '지금 안 사면 기회를 놓칠 것 같다'는 조급함이 생긴다. 이때 세워둔 원칙은 순식간에 사라진다. 원칙은 머리에서 만들어지지만, 감정은 가슴에서 솟아오르기 때문이다. 결국 판단은 원칙이 아니라 기분에 따라 바뀌고, 거래가 끝난 뒤에야 후회가 찾아온다. 그러나 이미 늦었다. 시장은 기다려주지 않기 때문이다.

불안을 없애려는 행동이 오히려 불안을 키운다

사람은 불안할수록 행동으로 문제를 해결하려 한다. 차트를 다시 보고, 경제 뉴스를 찾아보고, 주변 사람의 의견을 듣는다. 그러나 이런 행동은 대부분 상황을 개선하지 못하고 오히려 감정을 더 자극한다. 불안이 높을수록 사람은 더 많은 정보를 찾고, 정보가 많을수록 판단은 더 혼란스러워진다. 결국 '무언가 해야 한다'는 조급함이 잘못된 결정을 부른다. 이때 필요한 건 새로운 행동이 아니라 '잠시 멈춤'이다. 차트를 닫고, 산책을 하거나, 커피 한 잔을 마시며 마음을 식히는 짧은 시간만으로도 감정의 흐름은 달라진다. 멈출 수 있는 사람만이 상황을 객관적으로 볼 수 있다.

돈보다 더 아픈 건 '내가 틀렸을 수도 있다'는 자존심의 상처다

한 여성 투자자가 있었다. 그녀는 늘 조심스럽게 펀드에 투자하며 차근히 수익을 쌓아왔다. 하지만 친구들이 '요즘 주식으로 대박 났다'는 이야기를 꺼내자 마음이 흔들리기 시작했다. '나도 할 수 있지 않을까?'라는 생각에 단기 매매를 시작했고, 운 좋게 초반엔 수익을 냈다. 하지만 얼마 지나지 않아 급락장이 찾아오자 손실은 빠르게 불어났다. 그녀는 손실보다 '내 판단이 틀렸을 수도 있다'는 생각에 더 괴로워했다. 돈의 손실보다 자존심의 손상이 더 아프다는 걸 그때 처음 느낀 것이다. 사람은 돈을 잃었을 때보다, 스스로의 판단을 부정당할 때 더 큰 고통을 느낀다. 그래서 투자에서 가장 다루기 어려운 감정은 '불안'보다 '자존심'이다.

감정이 흔들리면 시장이 아니라 나 자신을 잃는다

감정의 파도에 휩쓸리면 시장의 변동이 훨씬 크게 보인다. 똑같은 뉴스라도 불안한 날엔 위기로, 평온한 날엔 기회로 보인다. 결국 문제는 시장이 아니라 내 마음의 상태다. 불안한 마음은 근거 없는 확신을 만들고, 지나친 자신감은 냉정을 앗아간다. 감정이 흔들릴수록 투자자는 본래의 전략에서 멀어진다. 차분함을 유지하는 사람은 시장의 흐름을 객관적으로 보지만, 감정이 앞선 사람은 그 흐름에 휩쓸린다. 투자는 정보를 읽는 일이 아니라, 자기 감정을 읽는 일이다.

기록은 감정을 붙잡는 가장 단순하고 강력한 방법이다

감정을 통제하는 가장 현실적인 방법은 기록이다. 불안하거나 흔들릴 때, 그 순간의 감정을 짧게라도 적어보면 마음의 소용돌이가 글로 정리되며 객관화된다. '오늘은 손실이 났지만 이유는 불안 때문이었다', '조급해서 원칙을 어겼다' 같은 메모가 쌓이면 감정의 패턴이 드러난다. 감정을 기록하는 사람은 감정의 주인이 되고, 기록하지 않는 사람은 감정의 종이 된다. 하루 10분의 투자 일기라도 꾸준히 쓰면 마음의 흐름을 파악할 수 있고, 다음엔 같은 실수를 반복하지 않는다.

투자는 숫자의 싸움이 아니라 마음의 싸움이다

대부분의 사람은 돈을 다루는 기술을 배우려 하지만, 진짜 투자는 감정을 다루는 법을 배우는 과정이다. 수익보다 마음이 먼저 무너지지 않도록 지키는 것이야말로 장기적으로 성공하는 길이다. 시장은 언제든 오르내릴 수 있지만, 평정심은 스스로 세우지 않으면 결코 유지되지 않는다. 감정을 다스릴 줄 아는 사람은 손실 속에서도 방향을 잃지 않고, 불안한 시장 속에서도 기회를 본다. 결국 투자는 시장을 이기는 게 아니라 나 자신을 이기는 과정이다.

02
돈을 잃을 때 생기는 감정의 폭풍

투자를 하다 보면 누구나 한 번쯤은 마음이 무너지는 순간을 맞는다. 숫자가 줄어드는 화면 앞에서, 손끝이 떨리고 머리가 하얘지는 경험. 처음엔 단순한 손실이라 생각하지만, 시간이 지나면서 마음속에서는 예상치 못한 감정들이 폭풍처럼 휘몰아친다. 불안, 후회, 분노, 체념이 번갈아 찾아오며 사람을 흔들어 놓는다. 돈을 잃는 일은 단순한 재산의 손실이 아니다. 그것은 자신이 내린 선택, 노력, 판단, 심지어는 자존감까지 흔드는 정서적 충격이다. 그래서 투자에서 가장 견디기 힘든 건 손실 그 자체가 아니라, 그 손실이 불러오는 감정의 폭풍이다.

돈의 손실이 곧 자존감의 손실로 이어질 때
한 남성이 있었다. 그는 퇴근 후 시간을 쪼개 공부하며 주식투자를 시작했다. 차트를 분석하고, 뉴스도 빠짐없이 챙겨보며 나름의 원칙을 세웠다. 그러나 어느 날, 예상치 못한 악재로 주가가 급락하자 그의 마음은 순식간에 무너졌다. 처음에는 '괜찮을 거야'라며 자신을 다독였지만, 손실이 커질수록 그는 자신에게 실망하기 시작했다. '내가 이렇게 판단력이 없었나?' '이걸 왜 몰랐지?'라는 생각이 꼬리를 물고 이어졌다. 그에게 돈을 잃는 일은 단순한 투자 실패가 아니라, 자신이 무가치한 사람으로 느껴지는 경험이었다. 사람들은 종종 돈을 잃으면서 돈보다 더 큰 걸 잃는다. 그것은 자신을 신뢰하던 마음이다.

불안은 공포로, 공포는 행동으로 바뀐다

처음엔 단순히 불안하다. 하지만 그 불안은 시간이 지나면서 형태를 바꾼다. 주가가 계속 떨어지면 마음속의 불안은 통제할 수 없는 공포로 커진다. 사람은 불안을 견디는 것보다 행동으로 풀어내는 데 익숙하다. 그래서 공포가 커질수록, 오히려 차트를 더 자주 확인하고, 근거 없는 루머를 찾아보며 안도감을 얻으려 한다. 그러나 불안은 이렇게 다루면 사라지지 않는다. 오히려 더 커진다. 이때의 뇌는 이성을 잠시 꺼버리고 생존 본능으로 작동한다. '지금이라도 팔아야 한다', '이러다 다 잃겠다'는 생각이 들면, 계획도 전략도 사라진다. 공포는 언제나 행동을 재촉하고, 그 행동이 더 큰 손실을 부른다.

후회와 분노가 뒤섞인 감정의 연쇄 반응

손실이 현실이 되면 사람은 곧 후회를 한다. '그때 팔았어야 했는데', '그때 사지 말았어야 했는데.' 후회는 사람을 과거로 묶어두고, 분노는 현재의 판단을 흐린다. 후회는 자책으로, 분노는 투사로 변한다. 어떤 사람은 자신을 탓하며 우울해지고, 어떤 사람은 시장과 다른 사람을 탓하며 감정적으로 반응한다. 이때의 감정은 매우 불안정하다. 냉정한 판단이 불가능하고, 모든 정보가 왜곡되어 보인다. 심지어 주변 사람의 수익 소식조차 짜증과 열등감으로 다가온다. 감정의 폭풍 속에서는 남의 성공조차 나의 실패처럼 느껴진다.

자존심이 이성을 가릴 때

한 여성 투자자는 손실이 커진 종목을 도저히 팔지 못했다. 이미 가격이 반토막이 났지만, '이건 반드시 다시 오른다'는 확신을 버릴 수 없었다. 사실 그녀는 확신보다 자존심에 이끌리고 있었다. 손실을 확정하는 순간, 스스로의 실패를 인정해야 한다는 두려움이 컸다. 그래서 오히려 매수 금액을 늘리며 평균 단가를 낮추는 선택을 했다. 그 행동은 이성을 잃은 감정의 결과였다. 사람은 돈을 잃을 때보다 '틀렸다는 사실'을 받아들이는 걸 더 힘들어한다. 그래서 자존심은 늘 손실보다 앞서서 사람을 흔든다. 감정의 폭풍은 대체로 '내가 잘못 판단했다'는 생각을 인정하지 못할 때 가장 크게 일어난다.

마음은 돈보다 느리게 회복된다

손실은 일정 시간이 지나면 복구될 수도 있다. 하지만 마음의 상처는 그렇지 않다. 숫자는 회복될 수 있지만, 감정은 쉽게 돌아오지 않는다. 한 번 큰 손실을 경험한 사람은 다음 투자에서 지나치게 조심스러워진다. 기회를 보아도 두려움이 앞서고, 위험을 감수하지 못한다. 반대로 어떤 사람은 다시 잃은 돈을 되찾기 위해 무모한 투자를 반복한다. 두 경우 모두 감정이 회복되지 못한 상태에서 움직이는 것이다. 투자에서 가장 중요한 건 수익률이 아니라 회복력이다. 돈보다 마음이 먼저 회복되어야 판단이 제자리를 찾는다.

감정을 통제하지 못하면 시장이 아니라 감정과 싸우게 된다

시장은 언제나 예측할 수 없이 움직인다. 그러나 많은 사람들은 시장이 아니라 자기 감정과 싸운다. 불안, 조급함, 후회, 자존심, 기대감 같은 감정들이 투자의 흐름을 바꾼다. 감정이 강해질수록 이성은 멀어진다. 그래서 감정의 폭풍이 밀려올 때 필요한 건 시장 분석이 아니라 자기 감정의 인식이다. 지금 내가 두려운가, 후회하고 있는가, 조급한가를 스스로 물어보는 것만으로도 생각의 방향이 달라진다. 감정을 인식하는 순간, 그 감정은 힘을 잃는다. 감정은 싸워야 할 대상이 아니라, 이해해야 할 신호다.

감정의 흐름을 기록하면 마음의 폭풍은 잦아든다

감정은 흐르는 물과 같다. 억누를수록 쌓이고, 흘려보낼수록 맑아진다. 감정의 폭풍 속에서 가장 도움이 되는 일은 기록이다. 불안할 때, 분노할 때, 후회가 몰려올 때, 그 감정을 글로 적어보면 감정이 객관적으로 보이기 시작한다.

"오늘 시장이 떨어졌지만, 나는 너무 과하게 반응했다."

이런 짧은 한 줄만으로도 감정은 정리된다. 감정을 글로 꺼내면 그것이 더 이상 내 안에서 폭풍처럼 돌지 않는다. 기록은 단순한 메모가 아니라 감정의 배출구다. 꾸준히 기록하는 사람은 감정에 덜 휘둘리고, 감정을 기록하지 않는 사람은 그 감정 속에서 길을 잃는다.

마음을 다루는 사람만이 다시 일어설 수 있다

돈을 잃었을 때 가장 먼저 해야 할 일은 복구가 아니라 마음의 정리다. 손실을 받아들이는 과정은 고통스럽지만, 그 과정을 피하면 같은 실수가 반복된다. 투자에서 승패를 가르는 건 지식의 양이 아니라 감정의 복원력이다. 한 번의 실패에도 다시 중심을 잡을 수 있는 사람은 오래 버틴다. 마음을 관리하지 못한 사람은 수익이 나도 불안하고, 손실이 나면 절망한다. 손실을 이기는 힘은 기술이 아니라 태도에서 온다. 태도를 바꾸면 감정이 흔들리지 않고, 감정이 안정되면 돈의 흐름도 서서히 제자리를 찾는다.

'다들 산다는데'가 위험한 이유

누군가 옆에서 '요즘 이 종목 다들 산다더라'라고 말하면, 머리보다 마음이 먼저 반응한다. 그 말 한마디에 안도감이 생기고, 왠지 나만 뒤처지는 기분이 든다. 이때의 심리는 단순한 호기심이 아니라 '소속되고 싶다'는 욕구에서 비롯된다. 혼자 결정할 땐 불안하지만, 여럿이 같은 방향을 바라볼 땐 안심이 된다. 그래서 사람들은 군중 속에서 안정감을 찾고, 투자에서도 그 본능이 그대로 드러난다. 그러나 그 순간, 판단의 기준은 스스로가 아니라 타인이 된다. 그리고 바로 그 지점에서 위험은 시작된다.

불안할수록 사람은 남의 판단을 빌려 쓴다

시장은 언제나 불확실하다. 그래서 사람은 늘 누군가의 확신을 빌리고 싶어 한다. '다들 산다'는 말은 일종의 심리적 안전망이다. 불확실한 상황에서 혼자 결정을 내리는 건 두렵지만, 다수가 같은 선택을 하면 그것이 마치 정답처럼 느껴진다. '이 정도 사람들이 샀다면 틀릴 리 없겠지'라는 생각이 든다. 그러나 투자에서 다수의 선택이 곧 올바른 선택은 아니다. 시장은 이미 다수가 움직였을 때 방향을 바꾸는 경우가 많다. 많은 사람이 모인 곳은 정보가 이미 반영된 자리이기 때문이다. 불안할수록 사람은 남의 판단을 빌리고, 그 판단에 기대는 순간 스스로의 이성을 잃는다.

군중 속에서는 두려움이 안도로 바뀐다

한 투자자가 있었다. 그는 처음엔 신중하게 공부하며 작은 금액으로 투자했다. 그런데 어느 날, 회사 동료들이 점심시간마다 특정 종목 이야기를 나누기 시작했다.

"요즘 이거 다들 샀대. 진짜 올라."

그 말이 반복되자 그는 처음의 신중함을 잊었다. 처음엔 '나중에 봐야지'라며 넘겼지만, 며칠 뒤 주가가 실제로 오르는 걸 보자 마음이 급해졌다.

"다들 샀다는데 나만 뒤처진 건 아닐까?"

그 생각이 결정을 바꿨다. 그렇게 그는 준비 없이 매수 버튼을 눌렀고, 며칠 후 급락장을 맞았다. 남들과 같은 선택이 주는 안도감은 순간이었고, 그 뒤엔 더 큰 후회가 찾아왔다. 다수가 주는 안정감은 착각일 뿐이다. 그 속에는 '남들과 같으면 안전하다'는 잘못된 확신이 숨어 있다.

'다수의 확신'이 '나의 판단'을 마비시킨다

사람은 숫자에 약하다. 수백 명이 좋다고 하면, 그 수만큼 이유가 있다고 착각하게 된다. '다들 산다'는 말은 단순한 정보가 아니라 심리적 안도감을 주는 설득이다. 그 말 한마디가 불안을 줄여주고, 혼자 책임져야 할 부담을 덜어준다. 그래서 판단이 필요한 순간마다 우리는 무의식적으로 다수의 선택을 근거로 삼는다. 그러나 그 다수는 나와 같은 불안 속에서 움직이고 있을 뿐이다. 사람들은 상승장에서는 욕망으로, 하락장에서는 공포로 함께 반응한다. 그 감정의 흐름에 휩쓸리면 나의 기준은 희미해지고, 결국 시장의 파도에 몸을 맡기게 된다. 다수가 믿는 방향이 늘 옳다면 세상에 손실은 존재하지 않았을 것이다.

모두가 같은 방향을 볼 때, 시장은 이미 변하고 있다

시장은 늘 변화를 선반영한다. 뉴스에서 '국민주', '전 국민이 산 종목' 같은 표현이 나올 때는 이미 늦은 경우가 많다. 모든 사람이 같은 종목을 이야기할 때, 시장은 이미 그 기대를 가격에 반영해버린다. 이때 남는 건 기대가 아니라 부담이다. '다들 산다'는 말이 유행처럼 퍼질 때, 그 안에는 이미 불균형이 숨어 있다. 투자에서 가장 위험한 순간은 모두가 한쪽으로 몰릴 때다. 그때 시장은 더 이상 논리로 움직이지 않고 감정으로 출렁인다. 소문이 커질수록 진실은 흐려지고, 불안은 조급함으로 변한다. 남들이 움직이는 속도에 맞추는 사람은 늘 마지막에 들어가서 먼저 빠져나온다.

정보의 홍수 속에서도 중요한 건 '판단의 기준'이다

요즘 세상은 정보가 넘친다. 유튜브, 커뮤니티, 뉴스, 그리고 친구의 말까지, 모두가 무언가를 알고 있다고 말한다. 그러나 실제로는 아무도 확신하지 못한다. 정보의 양이 많아질수록 판단은 오히려 흐려지고, 사람들은 다수의 목소리를 정답처럼 받아들인다. 하지만 정보는 방향을 제시하지 않는다. 방향은 오직 나의 기준에서 나온다. 내가 어떤 목적을 가지고 있고, 어떤 위험까지 감당할 수 있는지 명확히 알지 못하면, 어떤 정보도 나를 지켜주지 못한다. 결국 '다들 산다'는 말은 정보를 가장한 감정의 언어이며, 그 말에 반응할수록 나의 판단은 점점 가벼워진다. 정보가 많을수록 필요한 것은 더 많은 데이터가 아니라 더 단단한 기준이다.

사람은 '소외감'을 견디지 못한다

투자에서 집단 심리에 휘둘리는 또 하나의 이유는 외로움이다. 혼자 다른 판단을 내릴 때 느껴지는 불안, 그리고 남들이 다 이익을 내는 것 같은 장면을 봤을 때의 초조함. 사람은 이 감정을 견디기 어렵다. SNS에 올라오는 수익 인증, 커뮤니티의 성공 후기, 주변 사람들의 자랑은 마치 나만 뒤처진 듯한 기분을 만든다. 이런 감정은 투자 판단과는 별개로 작동한다. 심리적으로 고립된 사람은 더 쉽게 군중의 흐름에 합류한다. 하지만 시장에서 '외로움을 견디는 힘'은 곧 냉정함을 유지하는 능력이다. 혼자라는 이유로 불안해지지 않을 때, 비로소 시장의 진짜 목소리가 들린다.

'따라가기'가 아닌 '기다리기'의 용기를 배우는 일

군중심리에서 벗어나는 첫걸음은 행동이 아니라 인식이다. 지금 내가 움직이려는 이유가 논리인지, 불안 때문인지 스스로에게 물어보는 것부터 시작된다. 남들이 움직이는 속도에 휩쓸리지 않으려면, 자신만의 리듬이 필요하다. 시장은 늘 기회를 준다. 다만 그 기회는 조급한 사람보다 기다릴 줄 아는 사람에게 돌아간다. 준비되지 않은 확신은 언제나 불안으로 변하고, 기다림 속의 판단은 시간이 지나며 힘을 가진다. 진짜 투자자는 '지금 다들 산다'는 말보다 '나는 왜 지금 사려는가'를 먼저 묻는다. 그 한 번의 질문이 감정과 충동을 구분하게 만든다.

혼자 판단할 수 있을 때 비로소 흔들리지 않는다

시장은 언제나 불안정하고, 소문은 늘 빠르다. 하지만 스스로의 판단 기준이 명확하면, 다수가 움직이는 방향에 흔들리지 않는다. 혼자 생각하고, 스스로 결정할 수 있는 사람은 시장의 잡음을 배경음처럼 흘려보낼 줄 안다. 타인의 판단에 기대면 마음은 편해지지만, 그 편안함이 오래가진 않는다. 반대로 자신의 판단에 책임질 줄 아는 사람은 한 번의 실패에도 중심을 잃지 않는다. 시장의 흐름을 이기는 건 특별한 정보가 아니라, 흔들리지 않는 기준이다. 사람은 군중 속에서 안전함을 느끼지만, 진짜 안전은 혼자서도 판단할 수 있는 마음에서 온다.

04
불안할수록 손이 먼저 움직인다

투자를 하다 보면 '가만히 있는 게 제일 어렵다'는 걸 깨닫게 된다. 주가가 흔들리면 마음이 불안해지고, 그 불안은 곧 행동으로 이어진다. 머리로는 '지켜봐야 할 때'라고 생각하지만 손은 이미 증권사 앱을 켜고 있다. 불안은 단순한 감정이 아니라 행동으로 이어지는 본능이다. 사람은 불확실할수록 통제하려는 욕구가 강해지고, 그 욕구를 행동으로 착각한다. 그러나 대부분의 행동은 시장을 바꾸지 못하고, 불안을 잠시 달래는 대가로 실수를 남긴다. 결국 불안할수록 손이 먼저 움직이는 이유는 단순하다. 마음이 흔들릴 때 이성보다 빠르게 움직이는 건 본능이기 때문이다.

불안을 참는 것보다 움직이는 게 더 쉽다

사람은 불안을 느끼면 '무언가 해야 한다'는 압박을 받는다. 아무것도 하지 않으면 상황이 악화될 것 같고, 손을 놓고 있으면 뒤처질 것 같은 불안이 밀려온다. 그래서 행동은 일종의 방어기제가 된다. '그래도 뭔가 하고 있다'는 감각이 마음을 진정시켜주기 때문이다. 하지만 이런 행동은 감정을 덜어내는 데만 집중할 뿐 문제 해결과는 거리가 멀다. 시장이 불안할 때 가장 어려운 일은 '아무것도 하지 않는 것'이다. 가만히 있는 용기는 단순한 인내가 아니라 감정을 이성으로 이겨내는 과정이다. 대부분의 초보 투자자가 실패하는 이유는 전략이 부족해서가 아니라 불안을 행동으로 바꾸는 속도를 제어하지 못해서다.

손이 먼저 움직일 때 이성은 뒤로 밀린다

한 직장인은 매일 아침 출근길 지하철에서 전날의 주가를 확인하곤 했다. 그날도 전날 밤 뉴스에서 본 큰 하락 소식이 마음에 남아 있었다. 화면 속 그래프의 파란 선이 머릿속을 맴돌았고, 그는 무의식적으로 증권사 앱을 다시 켰다. 아직 시장이 열리기 전이었지만, 혹시나 하는 마음에 잔고를 확인하고, 전날 팔지 않은 종목을 몇 번이나 들여다봤다.

"이건 오늘 더 떨어질지도 몰라, 일단 팔아야 해."

그는 마음속 불안을 달래려는 듯 장이 열리자마자 매도 버튼을 눌렀다. 몇 번의 클릭 후 주문이 체결되었고, 잠시 후 주가는 반등했다. 그는 나중에 말했다.

"그 순간, 생각이 아니라 반사적으로 움직였어요."

불안은 사고보다 빠르게 손을 움직이게 한다. 이성은 감정보다 늘 한발 늦다. 불안을 느낀 순간 이미 손가락은 움직이고, 이성은 나중에 그 행동을 정당화할 이유를 찾는다. 행동이 먼저, 이유는 나중에 생긴다. 결국 사람은 시장이 아니라 자신의 불안을 견디는 능력으로 투자 성패가 갈린다.

불안은 통제를 잃을 때 더 강해진다

투자에서 불안은 '결과를 통제할 수 없다'는 느낌에서 생긴다. 시장은 누구의 뜻대로도 움직이지 않고, 가격은 이유 없이 오르내린다. 이런 불확실성이 반복되면 사람은 자신이 아무런 영향을 미치지 못한다는 무력감을 느낀다. 이때 불안은 통제욕으로 바뀌고, 사람은 차트를 새로고침하거나 잦은 거래를 반복하며 통제감을 되찾으려 한다. 하지만 그것은 착각이다. 시장은 내 행동과 상관없이 흘러가고, 내가 한 클릭은 단지 마음을 달래기 위한 일시적 위안일 뿐이다. 그러나 그 위안이 잠시의 안정을 주기 때문에, 사람은 같은 행동을 반복하게 된다. 불안을 행동으로 덮으려 할수록 감정의 파도는 더 커진다.

확신은 불안을 덮는 임시 처방이다

불안할수록 사람은 확신을 찾는다. 확신은 논리적 근거가 아니라 감정의 안정감을 준다.

"이번에는 괜찮을 거야."

"이번엔 다를 거야."

이런 말이 반복될수록 감정은 진정되는 듯 보이지만, 판단은 왜곡된다. 감정이 만든 확신은 근거가 약하고, 실패했을 때 더 큰 후회를 남긴다. 확신은 불안을 덮는 임시 처방일 뿐이다. 그래서 투자에서 중요한 것은 확신이 아니라 여유다. 불안한 마음은 확신으로는 다스릴 수 없고, 오직 균형 잡힌 거리감으로만 가라앉는다. 여유가 있는 사람은 불안을 관찰하지만, 여유가 없는 사람은 불안에 반응한다.

'무언가 해야 한다'는 생각이 실수를 만든다

시장이 흔들리면 대부분의 사람은 같은 생각을 한다.

"이대로 있으면 손해를 볼 거야."

그 불안이 행동을 부르고, 그 행동이 실수를 만든다. 문제는 행동 그 자체가 아니라, 그 출발점이 감정이라는 것이다. 감정에 휘둘린 행동은 이성의 계산보다 훨씬 빠르다. 불안을 느끼는 순간 손이 먼저 움직이고, 그 뒤에 후회가 따라온다. 투자는 숫자의 세계지만, 사람은 감정의 존재이기에 계산이 흔들린다. 이 흐름을 이해하는 것이 감정을 다스리는 첫걸음이다. 행동보다 마음의 상태를 먼저 인식해야 한다.

감정을 기록하면 행동이 늦춰진다

불안할수록 손이 먼저 움직이기 때문에, 감정을 인식하는 습관이 필요하다. 감정을 객관화하는 가장 좋은 방법은 기록이다. 거래 전 짧게라도 '지금 내가 어떤 감정을 느끼고 있는가'를 적어보는 것이다.

"조급하다."

"불안하다."

"손실이 두렵다."

단 한 줄의 기록만으로도 감정의 속도는 늦춰진다. 감정을 글로 옮기는 순간 마음은 객관화되고, 그 잠깐의 멈춤이 불필요한 클릭을 막는다. 감정을 기록하는 습관은 행동의 리듬을 되찾는 장치다.

가장 강한 투자자는 흔들리지 않는 사람이다

시장은 늘 요동친다. 예측이 빗나갈 때도 있고, 예상치 못한 변수도 생긴다. 하지만 감정이 요동칠수록 더 위험해진다. 불안할수록 행동은 빨라지고, 행동이 빨라질수록 실수는 커진다. 반대로 차분한 사람은 시장의 흔들림을 기회로 바꾼다. 흔들리지 않는다는 건 무감각하다는 뜻이 아니다. 불안을 느끼더라도 서둘러 반응하지 않고, 감정의 파도를 관찰하는 사람, 그가 진짜 강자다. 불안은 피할 수 없지만, 휘둘릴지는 선택할 수 있다. 평정심은 투자 실력의 근본이며, 손보다 마음을 먼저 다루는 사람이 시장에서 오래 살아남는다.

05
투자에서 가장 중요한 건 평정심이다

투자는 숫자의 게임처럼 보이지만 실제로는 감정의 게임이다. 주가의 움직임보다 더 빠르게 요동치는 건 사람의 마음이고, 그 마음이 이성을 압도하는 순간 투자는 기술이 아니라 심리의 문제로 바뀐다. 많은 사람은 정보가 부족해서 실패한다고 생각하지만, 실제로는 감정을 다스리지 못해 스스로를 무너뜨리는 경우가 훨씬 많다. 평정심은 감정이 없는 상태가 아니라 감정을 인식하면서도 휘둘리지 않는 상태다. 시장은 늘 흔들리지만 평정심을 가진 사람은 그 속에서도 중심을 잃지 않는다. 결국 오래 버티는 힘은 머리가 아니라 마음에서 나온다.

마음의 파도는 시장보다 먼저 움직인다

시장은 하루에도 수없이 오르내리고, 사람의 감정은 그보다 더 빠르게 움직인다. 주가가 오르면 들뜨고, 떨어지면 불안하다. 같은 차트를 보고도 어떤 사람은 웃고, 어떤 사람은 손끝이 떨린다. 차이는 정보력이 아니라 마음의 안정에서 생긴다. 평정심을 가진 사람은 시장의 파도를 타지 않고 바라본다. 시장의 변동에 흔들리는 사람은 그 파도에 휩쓸리고, 마음을 다스리는 사람은 그 흐름을 이용한다. 투자란 시장을 예측하는 싸움이 아니라 마음의 파도를 다루는 싸움이다. 마음이 고요하면 흐름이 보이고, 요동치면 아무리 정확한 정보도 무용지물이다.

감정의 균형이 무너지면 판단도 함께 흔들린다

한 투자자는 늘 일정한 원칙으로 매매했지만 급락이 시작되자 흔들렸다. 처음엔 '곧 회복될 거야'라고 자신을 다독였지만, 하락이 길어지자 원칙을 어겼다. 손절선을 무시하고 '조금만 더 기다리자'라며 버텼고, 그 결과 손실은 더 커졌다. 그는 말했다.

"머리로는 알았는데 마음이 말을 듣지 않았어요."

평정심이 사라지면 이성의 힘은 무력해진다. 원칙은 감정이 안정될 때만 의미가 있다. 마음의 균형이 무너진 순간, 이성적인 판단도 함께 무너진다.

불안과 욕심은 같은 뿌리에서 자란다

불안은 잃을까 봐 두려운 마음에서, 욕심은 더 얻고 싶은 마음에서 생긴다. 둘 다 '지금에 만족하지 못하는 마음'이라는 점에서 같다. 불안한 사람은 잃지 않으려 움직이고, 욕심 많은 사람은 더 얻으려 움직인다. 감정의 진폭이 커질수록 판단은 흐려진다. 평정심은 이 진폭을 줄이는 힘이다. 불안할 때 '지금은 이런 시기야'라며 자신을 다독이고, 욕심이 생길 때 '이만하면 충분해'라고 말할 수 있을 때 마음은 균형을 되찾는다.

평정심은 상황이 아니라 선택에서 만들어진다

사람들은 평정심을 '상황이 안정될 때 생기는 마음'이라 생각하지만, 사실은 그 반대다. 상황이 평온해서 평정한 게 아니라, 평정하려는 태도가 평온한 상황을 만든다. 시장은 항상 변동성을 가진다. 하지만 평정심이 있는 사람은 '통제할 수 없는 것'과 '통제할 수 있는 것'을 구분한다. 시장의 방향은 바꿀 수 없지만, 내 반응은 선택할 수 있다. 가격은 내가 정하지 못하지만, 대응은 내 몫이다. 이 인식이 평정심의 시작이다. 불안한 환경에서도 내 태도만큼은 스스로 결정할 수 있다는 자각이 마음을 단단하게 만든다.

소음 속에서도 길을 보는 사람

시장은 언제나 시끄럽다. 수많은 뉴스와 예측이 오가고, 그 속에서 평정심을 잃으면 모든 정보가 위기처럼 들린다. 한 투자자는 뉴스에 흔들려 전부 매도했지만, 며칠 뒤 시장이 반등하자 큰 후회를 남겼다. 그는 말했다.

"뉴스가 아니라 제 마음이 흔들렸어요."

같은 뉴스라도 불안한 마음으로 보면 공포로, 차분한 마음으로 보면 기회로 보인다. 평정심이 있으면 세상의 소음은 배경이 되고, 감정이 요동치면 그 소음이 귀를 지배한다.

평정심은 단련으로 만들어진다

평정심은 타고나는 성격이 아니라 꾸준한 훈련의 결과다. 조급할 때 잠시 멈추고, 불안할 때 차트를 닫고, 손실이 났을 때 감정을 기록하는 습관이 평정을 만든다. 이런 사소한 행동이 감정의 속도를 늦춘다. 평정심은 감정을 없애는 것이 아니라 감정과 공존하는 힘이다. 마음이 요동칠 때 그 흔들림을 바라볼 수 있다면 이미 평정심은 그 안에서 자라고 있는 것이다.

마음을 다스리는 사람이 오래 버틴다

한 투자자는 큰 손실 후 거래를 멈추고 지난 기록을 되짚었다. 감정적으로 행동했던 순간을 메모하며 자신을 관찰했고, 한 달 뒤 같은 상황에서 훨씬 차분하게 대응했다.

"이번엔 두렵지 않았어요. 왜 그런 감정이 오는지 알았거든요."

그는 말했다. 평정심은 감정을 억누르는 게 아니라 이해하고 받아들이는 힘이다. 감정을 인식하면 선택이 달라진다.

평정심은 투자에서 가장 단단한 기반이다. 마음이 안정되면 행동이 일관되고, 행동이 일관되면 결과도 안정된다. 평정심은 차트를 읽는 능력보다 오래가며, 어떤 정보보다 믿을 만하다. 평정심을 가진 사람은 시장의 방향에 따라 흔들리지 않고 자신만의 리듬으로 움직인다. 그 고요한 마음이 결국 시간을 이긴다. 투자는 기술의 싸움이 아니라 마음의 싸움이며, 평정심은 그 마음을 지탱하는 유일한 근육이다.

흔들리는 투자자의 20가지 순간

01
첫 수익에 실력이라 착각한 날

처음 그가 주식 이야기를 들은 건 퇴근 후였다. 회사 근처 카페에서 친구들이 모여 이야기를 나누던 중, 한 친구가 말했다.

"야, 요즘 이 종목 봤어? 지난달에 샀는데 벌써 20퍼센트 올랐어."

그 말이 이상하게 귓가에 남았다. 집으로 돌아오는 길, 지하철 손잡이를 잡은 채 그는 휴대폰으로 증권사 앱을 깔았다. 그저 구경만 하려던 것이었지만 손끝은 이미 종목을 검색하고 있었다. 그래프는 완만하게 위로 올라가 있었고, 초록색 숫자가 반짝였다. 화면을 바라보는 동안 그는 이상하게 심장이 두근거렸다. '이걸 진작 알았더라면 나도 벌었을까.' 그런 생각이 스쳤고, 밤늦게까지 화면을 넘기며 차트를 들여다보다가 잠이 들었다.

다음 날 아침, 출근 준비를 하던 그는 다시 휴대폰을 켰다. 증권사 앱 속 그 종목이 머릿속에서 떠나지 않았다. 장이 열리기도 전이었지만, '오늘도 오르지 않을까' 하는 기대가 마음 한켠에서 자꾸 커졌다.

커피잔을 든 손이 조금 떨렸다. '지금이라면 늦지 않았겠지.' 그는 그렇게 생각하며 장이 시작되자마자 매수 주문을 넣었다. 화면 속 숫자가 깜박였고, 체결 알림이 울렸다. 작은 소리였지만 묘하게 짜릿했다. 주가는 천천히 위로 향했고, 하루 종일 기분이 좋았다. 업무 중에도 틈만 나면 휴대폰을 확인했고, 회의 중에도 머릿속 한쪽은 계속 그래프를 그리고 있었다. 그날 저녁 그는 퇴근길에 혼잣말로 중얼거렸다.

"생각보다 괜찮네. 감이 나쁘지 않은데?"

며칠이 지나자 주가는 더 올랐다. +10%. 계좌에 찍힌 숫자는 그에게 '돈을 번 사람'이라는 새로운 자의식을 심어주었다. 그는 카톡방에 캡처를 올리며 말했다.

"야, 나도 드디어 벌었다."

친구들이 '역시 타이밍 좋네', '촉 있다'며 이모티콘을 보냈고, 그 반응이 달콤했다. 오랫동안 기다려온 인정을 받은 것 같았다. 그날 이후 그는 스스로를 '투자자'라고 생각하기 시작했다. 아침마다 뉴스를 보고, 출근길엔 경제 유튜브를 들으며, 점심시간에는 차트를 확대해 각도를 분석했다. 그는 생각했다. '이제 감이 좀 생긴 것 같아.' 처음의 운이 서서히 실력으로 바뀌어가는 듯한 착각이 들었다.

하지만 수익이 쌓일수록 욕심도 커졌다. 처음 수익을 준 종목이 이제는 지루하게 느껴졌다.

"이건 더 이상 재미가 없어. 좀 더 공격적으로 가야지."

그는 새로운 종목을 찾기 시작했다. 차트의 움직임이 가파르고 거래량이 많은 주식들이 눈에 들어왔다. 뉴스에서 '이 종목 상승 가능성 주목'이라는 제목을 본 순간, 마음이 쿵 내려앉았다. 그는 주저하지 않고 매수 버튼을 눌렀다. 이번에는 확신에 차 있었다. 하지만 며칠 뒤, 주가는 하락세로 돌아섰다. 처음엔 '조정이겠지'라고 생각했지만 하락은 멈추지 않았다. -5%, -10%, -15%. 그래프의 파란 선이 아래로 늘어질수록 그의 마음도 함께 내려앉았다.

그는 차트를 계속 새로고침했다. 출근길에도, 회의 중에도, 심지어 점심시간에도 손이 휴대폰을 떠나지 않았다. 떨어지는 숫자를 보면서도 팔지 못했다. '지금 팔면 손해잖아. 곧 반등할 거야.' 그는 그렇게 스스로를 위로했지만 그 말 속엔 불안이 섞여 있었다. 머릿속에서는 첫 수익의 기억이 자꾸 떠올랐다.

"그때도 버티니까 올랐잖아."

그 믿음은 근거 없는 확신이었지만, 그래도 믿고 싶었다. 그러나 주가는 그 믿음을 비웃듯 더 내려갔다. -30%. 계좌 속 파란 숫자를 바라보던 그는 천천히 휴대폰을 내려놓았다. 그 순간 자신이 돈이 아니라 감정에 휘둘리고 있었다는 사실을 깨달았다.

그날 밤 그는 휴대폰을 꺼두었다. 뉴스 알림도, 주가 알림도 모두 껐다. 오랜만에 TV를 켜니 화면 속 사람들은 웃고 있었다. 그는 멍하니 그 장면을 바라봤다. 마음이 조금 가벼워졌다. 며칠 동안 밥도 잘 먹지 못했는데, 그날은 이상하게 식욕이 돌았다.

"처음엔 그냥 해보자고 시작했는데, 내가 돈에 끌려다니고 있었네."

그는 작게 중얼거렸다. 다음 날, 그는 작은 노트를 꺼내어 글을 쓰기 시작했다. 〈처음 투자한 날 - 설렘과 약간의 두려움〉, 〈수익이 났던 날 - 내가 특별한 사람인 것 같았다〉, 〈하락이 시작된 날 - 믿고 싶지 않았다〉, 〈손실을 확정한 날 - 늦었지만 편안했다〉. 글을 쓰다 보니 마음이 조금씩 풀렸다. 잃은 건 돈이었지만, 얻은 건 자신을 바라보는 시선이었다.

그는 이제 새로운 종목을 살 때마다 마음속으로 묻는다.

"이건 확신일까, 아니면 착각일까."

그 짧은 질문 하나가 그의 손끝을 멈추게 했다. 주가가 오를 때도, 내릴 때도, 이제 그는 전처럼 서두르지 않는다. 그때의 경험이 평정심의 연습이 되었고, 그 연습이 투자 습관이 되었다. 그는 언젠가 웃으며 이렇게 말했다.

"그때 벌었던 돈보다, 그때의 착각이 훨씬 큰 공부였어요."

그의 말에는 후회보다 성장의 기운이 담겨 있었다. 그날 그는 돈을 잃었지만, 자신을 지키는 법을 배웠다.

02

친구의 수익 인증에 덜컥 주식을 산 이유

그날 점심시간, 그는 아무 생각 없이 휴대폰을 열었다가 한 장의 사진에 시선이 멈췄다. 단체 카톡방에 친구가 올린 계좌 인증 사진이었다. 초록색 숫자 옆에는 +27.3%라는 수익률이 선명하게 찍혀 있었다. '요즘 이 종목 덕분에 점심값은 걱정 없다.'라는 짧은 문장이 함께 달려 있었다. 대수롭지 않게 스쳐 지나가려 했지만, 그 숫자가 눈에 자꾸 밟혔다. 화면을 닫았는데도 머릿속에는 계속 +27이라는 숫자가 떠올랐다. 같은 나이, 같은 월급을 받는 친구가 자신보다 훨씬 앞서가고 있는 것처럼 느껴졌다. 그는 마음속으로 중얼거렸다.

"나도 시작해야 하는 거 아닌가."

오후 내내 집중이 잘 되지 않았다. 회의 중에도 무심코 휴대폰을 켰다가 다시 끄기를 반복했다.

"이름이 뭐였더라… 그 종목 이름이."

머릿속이 간질거렸다. 회의가 끝나자마자 검색창에 종목명을 쳤다. 차트는 이미 길게 올라 있었다. 붉은 선이 하늘을 찌르듯 솟아 있었고, 거래량도 폭발적으로 늘어 있었다. '이 정도면 아직 들어갈 만하겠지. 너무 늦진 않았을 거야.' 그렇게 생각하자 가슴이 두근거렸다. 친구의 목소리가 다시 귓가에 맴돌았다.

"이번엔 진짜 쉬웠어. 그냥 사니까 올랐어."

그 말이 자꾸 머릿속을 맴돌자 그는 손끝을 멈출 수 없었다.

퇴근 후 집에 도착해서도 그 종목이 머릿속에서 떠나지 않았다. 장은 이미 마감됐지만, 그는 증권사 앱을 열어 시세와 뉴스, 거래량을 반복해서 확인했다.

"내일이라도 사야 해."

그 생각이 점점 커졌다. 밤늦게까지 화면을 들여다보며 스스로에게 이유를 만들었다.

"지금이라면 아직 늦지 않았을 거야."

그는 결국 다음 날 아침 장이 열리자마자 매수 주문을 넣었다. '체결 완료'라는 문구가 뜨는 순간 묘한 안도감이 밀려왔다. 친구와 같은 배를 탄 기분이었다. '이제 나도 그 대열에 들어섰다.' 그날 밤 그는 평소보다 늦게 잠들었다. 그래프가 머릿속에서 계속 움직였다.

다음 날 아침, 출근 준비를 하며 시세를 확인하자 주가는 어제보다 더 올라 있었다. +3%. 잠이 확 깼다.

"봐, 역시 잘한 결정이었어."

그는 커피를 마시며 스스로에게 말했다. 아침부터 기분이 좋았다. 회사에서도 여유가 생겼다. 친구가 올렸던 수익률이 머릿속에 떠오르며 자신도 그 자리로 가는 중이라는 생각이 들었다. 점심시간에 다시 앱을 켜자 수익률은 +5%가 되어 있었다. 그는 괜히 웃음이 났다.

"이제 시작이야."

그날 저녁, 카톡방에 다시 메시지가 올라왔다.

"오늘은 좀 쉬어가네. 그래도 이번 달 수익률은 역대급."

친구의 말에 다른 사람들도 반응했다.

"형 덕분에 나도 샀어요. 고마워요."

채팅창이 빠르게 올라갔다. 그는 잠시 멈칫했다. '이제 너무 늦은 거 아냐?' 하지만 금세 마음을 다잡았다.

"그래도 아직 상승 여력은 있겠지."

그는 차트를 확대해보며 자신을 설득했다.

그 후 며칠 동안 주가는 안정적으로 움직였다. 오르지는 않았지만, 떨어지지도 않았다. 그 미묘한 정체가 이상하게 불안했다. 아침마다 앱을 열고, 점심시간마다 새로고침했다.

"왜 안 오르지?"

차트가 멈춰 있는 것처럼 느껴졌다. 그러다 어느 날, 갑자기 주가가 하락했다. -2%, -4%, -6%. 처음에는 별 대수롭지 않게 넘겼다.

"잠깐 조정이야. 오히려 좋은 기회지."

그렇게 스스로를 다독였지만, 하락은 멈추지 않았다.

그는 친구에게 전화를 걸었다.

"야, 너 그거 아직 들고 있지?"

친구가 대수롭지 않게 말했다.

"나? 며칠 전에 팔았지. 좀 불안해서."

그의 얼굴이 굳어졌다.

"팔았다고?"

"응, 수익 났을 때 정리했어. 근데 너 아직 들고 있어?"

그는 말문이 막혔다.

"어… 그래, 조금만 더 볼 생각이야."

전화를 끊고 나니 머리가 멍했다. 처음 친구의 수익 인증 사진을 봤을 때의 흥분은 사라지고, 대신 이상한 공허감이 밀려왔다.

그날 밤, 그는 모니터 앞에 앉아 차트를 계속 바라봤다. 그래프가 조금씩 아래로 기울고 있었다. 팔아야 하나, 기다려야 하나, 판단이 되지 않았다. '왜 나는 저 사람보다 한 발 늦었을까. 왜 똑같이 했는데 결과는 다르지.' 마음속에서 불만이 솟구쳤다. 그러나 마음 한구석에서는 알고 있었다. 친구가 올린 그 사진이 부러웠던 거고, 그 부러움이 조급함으로 바뀌었을 뿐이라는 것을.

며칠 뒤, 주가는 더 떨어졌다. -20%. 더는 버틸 수 없었다. 그는 결국 매도 버튼을 눌렀다. 화면 속 파란 숫자가 사라졌지만, 마음속 허전함은 오히려 더 커졌다.

"그냥 친구 따라 샀을 뿐인데 왜 이렇게 허무하지."

그날 그는 오랫동안 증권사 앱을 켜지 않았다

며칠이 지나자 마음이 조금 진정되었다. 그는 차트를 다시 보았다. 놀랍게도 주가는 다시 조금씩 회복되고 있었다. 자신이 판 시점이 거의 바닥이었다. 그는 웃음이 났다.

"이상하게도, 나만 이럴 때 팔아."

웃음은 금세 한숨으로 바뀌었다. 그제야 그는 깨달았다. 자신은 수익이 아니라 감정에 반응하고 있었다는 것을. 친구의 수익 인증을 보고 느꼈던 건 부러움이 아니라 불안이었고, 그 불안을 견디지 못해 손끝이 먼저 움직였던 것이다.

그날 밤 그는 혼잣말로 말했다.

"나는 돈을 잃은 게 아니라 중심을 잃은 거였구나."

그는 다시 카톡방을 열었다. 여전히 사람들은 새로운 종목 이야기를 하고 있었다. 누군가는 '이게 다음 대박이야.'라고 썼고, 누군가는 '요즘 이건 무조건 올라.'라고 말했다. 예전 같으면 바로 검색창에 종목 이름을 쳤겠지만, 이번에는 달랐다. 그는 휴대폰을 조용히 껐다.

그 다음 날, 그는 다이어리 한 구석에 이렇게 적었다.

〈남의 수익을 부러워하는 순간, 내 기준은 사라진다.〉

〈다른 사람의 시계로 내 시간을 재지 말자.〉

그 문장을 쓰는 동안 마음이 이상하게 편안했다. 그날 이후로 그는 '언제 사야 할까?'보다 '왜 사야 할까?'를 먼저 묻기 시작했다.

가끔 친구가 또 수익 인증 사진을 올릴 때면 여전히 마음이 살짝 흔들리지만, 예전처럼 덜컥 움직이진 않는다.

그는 웃으며 화면을 닫는다.

"좋겠다. 하지만 난 내 속도로 갈래."

그리고 커피 한 모금을 마시며 주가가 아닌 자신의 리듬에 집중한다.

그는 이제 안다. 시장은 기다려주는 법이 없지만, 스스로를 기다릴 줄 아는 사람만이 흔들리지 않는다는 걸.

유튜브 영상 하나에 결정을 바꾼 순간

그는 아침부터 기분이 좋았다. 전날 샀던 주식이 오르고 있었고, 어제보다 계좌 잔고가 눈에 띄게 늘어나 있었다. 커피를 마시며 차트를 바라보던 그는 '드디어 나도 감이 잡히는구나'라는 생각에 자신도 모르게 미소를 지었다. 불과 며칠 전까지만 해도 숫자가 조금만 흔들려도 마음이 요동쳤는데, 오늘은 달랐다. 주가가 조금 내렸다가 다시 오르는 그 흔들림조차 당연하게 느껴졌다. '이제야 투자자 같네.' 그 말이 스스로에게 이상하게 뿌듯하게 들렸다.

오전 회의가 끝난 뒤 잠시 쉬는 시간, 그는 습관처럼 유튜브를 켰다. 자동 재생으로 뜬 영상의 제목이 눈에 들어왔다. '오늘 당장 팔아야 하는 종목 TOP 3.' 순간 손이 멈췄다. 화면 속 썸네일에는 자신이 어제 산 종목 이름이 선명하게 적혀 있었다. '설마 같은 거겠어.'하며 넘기려다가 결국 손가락이 화면을 눌렀다. 영상 속 진행자는 단호한 목소리로 말했다.

"이 종목은 이미 고점입니다. 곧 큰 조정이 올 겁니다."

그 한 문장이 그의 마음을 세게 흔들었다. 조금 전까지만 해도 든든하게 보이던 그래프가 갑자기 위태로워 보였다.

"이미 오른 종목은 늦었습니다. 지금 들어간 투자자들은 위험합니다."

그 말이 귓가에 꽂히며 손끝이 서늘해졌다.

점심시간이 다가올수록 마음이 복잡해졌다. 식당으로 향하는 길에서도 그는 휴대폰을 꺼내 시세를 확인했다. 오전보다 약간 내려가 있었다. -0.8%. 아주 작은 하락이었지만 그 숫자가 괜히 불길하게 보였다. '그 영상이 맞을지도 몰라. 지금이라도 팔까.' 하지만 곧 다른 생각이 들었다. '아니야, 아직 괜찮아. 일시적인 조정일 뿐이야.' 그렇게 자신을 다독였지만 식사 내내 손에 젓가락이 잘 잡히지 않았다. 주변 사람들은 평소처럼 대화를 이어갔지만 그는 마음이 멀리 떠나 있었다.

식사를 마치고 자리로 돌아온 그는 또 다른 영상을 눌렀다. 이번에는 정반대의 제목이었다. '하락은 일시적, 반등 임박!' 영상 속 목소리는 차분하고 자신감에 차 있었다.

"이 종목은 지금이 기회입니다. 겁먹은 투자자들이 팔고 있지만, 진짜 기회는 이런 순간에 옵니다."

그 말이 이상하게 위로가 됐다. '그래, 역시 내가 괜히 흔들렸나 보다. 다들 불안해서 파는 거겠지.' 그는 그렇게 스스로를 설득했지만 마음은 여전히 안정되지 않았다. 같은 종목을 두고 누군가는 팔라고 하고, 누군가는 사라고 하니 판단이 점점 더 어려워졌다.

오후가 되자 주가는 조금씩 하락하기 시작했다. -2%, -3%, -4%. 숫자가 변할 때마다 손끝이 떨렸다. 회의 중에도 집중이 되지 않았다. '지금이라도 팔아야 할까. 손실이 더 커지면 어떡하지.' 그래프가 아래로 미끄러지듯 내려가는 걸 보는 동안, 머릿속에서는 계속 두 가지 목소리가 싸우고 있었다. '지금 팔면 늦지 않아.' '아니야, 버텨야 해. 곧 반등할 거야.' 그러나 생각이 길어질수록 불안은 커졌다. 심장이 두근거리고 손끝이 뜨거워졌다.

그는 조용히 노트북을 닫고 휴대폰을 꺼냈다. 손가락이 매도 버튼 위에서 망설였다. 오후 3시가 가까워지고 있었다. '지금이라도 팔자. 그래야 불안이 끝나지.' 그렇게 생각하며 숨을 들이마시고 매도 버튼을 눌렀다. 체결 알림이 뜨는 순간, 이상하게 마음이 편안해졌다. 잃은 금액보다 '이제 불안하지 않다'는 안도감이 더 컸다. 그렇게 장이 마감되었다.

퇴근길 지하철 안에서 그는 다시 휴대폰을 열었다. 주가는 장 마감 직전에 약간 회복해 있었다. -1%. 그래프가 조금 올라와 있었다. '조금만 더 기다렸으면 괜찮았을 텐데.' 그 생각이 스쳤지만, 곧바로 '그래도 잘한 거야'라고 자신을 위로했다. 그래야 덜 초라해 보였기 때문이다.

다음 날 아침, 눈을 뜨자마자 시세를 확인한 그는 얼어붙었다. 어제 팔았던 종목이 급등하고 있었다. +8%. 믿을 수 없었다. 화면을 여러 번 새로고침했지만 숫자는 변하지 않았다. '이게 뭐야, 어제까지만 해도 떨어진다더니.' 그는 머리를 감쌌다. 유튜브에서 봤던 그 단호한 목소리, 자신감 넘치던 표정이 머릿속에 생생히 떠올랐다. 그제야 깨달았다. 자신은 그 사람의 분석을 믿은 게 아니라, 그 확신에 기대고 있었던 것이다.

그날 하루는 유난히 길게 느껴졌다. 회의에서도 실수를 하고, 동료가 말을 걸어도 대답이 느렸다. 퇴근 무렵, 그는 유튜브 앱을 다시 열었다. '하락세 끝, 반등 시작'이라는 제목의 영상들이 줄줄이 올라와 있었다. 어제의 목소리와는 다른 사람들이지만, 그 말의 톤은 모두 비슷했다. 단호하고, 확신에 차 있었다. 그는 피식 웃었다.

"이제 와서?"

화면을 바라보다가 조용히 앱을 닫았다. 그리고 다이어리를 꺼내 짧게 적었다.

〈확신을 찾으려다 흔들린 하루〉

〈정보가 많을수록 판단은 약해진다〉

며칠 뒤, 그는 다시 그 종목의 차트를 열었다. 주가는 여전히 자신이 팔았던 가격보다 훨씬 위에 있었다. 하지만 이번에는 이상하게 마음이 평온했다. 예전 같으면 후회로 가득 찼겠지만, 지금은 다르게 느껴졌다. 자신이 잃은 건 돈이 아니라 중심이었다는 걸 알았기 때문이다.

그는 유튜브를 켜기 전에 먼저 자신에게 묻기로 했다.

"내가 지금 보고 싶은 말만 찾는 건 아닐까."

그 질문 하나가 손끝을 멈추게 했다. 이제 그는 영상 대신 기록을 본다. 지난날의 자신이 적어둔 메모들, 흔들렸던 이유, 다시 다잡았던 순간들. 그 안에는 수익보다 가치 있는 것이 남아 있었다. 그것은 '판단을 남에게 맡기지 않는 법'이었다.

그는 여전히 투자한다. 하지만 더 이상 뉴스나 영상에 휘둘리지 않는다.

시장은 여전히 출렁이지만, 마음은 예전보다 고요했다.

그는 커피를 마시며 다이어리에 짧게 한 줄을 썼다.

〈오늘은 흔들리지 않았다.〉

그 문장 하나면 충분했다.

통장보다 꿈이 커져버린 첫 투자 경험

그는 평범한 직장인이었다. 매달 남들과 비슷한 월급을 받고 정해진 시간에 출근하고, 점심시간엔 구내식당에서 늘 같은 메뉴를 먹으며 하루를 버텼다. 하지만 가끔은 그런 일상 속에서도 막연한 불안이 스며들었다. '이게 전부일까?'라는 생각이 불쑥 들곤 했다. 퇴근길 버스 창밖으로 보이는 카페에서 노트북을 켜고 일하는 사람들, 여행지에서 사진을 올리는 친구들, 그리고 뉴스 속 '성공한 투자자'의 이야기들이 그에게 묘한 자극을 주었다. 그는 언젠가 자신도 그런 자유를 갖고 싶다고 생각했다.

처음엔 단순한 호기심이었다. '나도 한 번 해볼까.' 어느 날 저녁, 그는 유튜브에서 '투자로 인생이 바뀐 사람들'이라는 제목의 영상을 클릭했다. 화면 속 인물은 평범해 보였지만 자신감에 차 있었다.

"저도 처음엔 월급쟁이였어요. 근데 2년 만에 제 통장이 달라졌죠."

그 말 한마디에 그의 심장이 빠르게 뛰기 시작했다. 영상이 끝난 뒤에도 그 말이 머릿속에 맴돌았다. '2년 만에 통장이 달라졌다'는 문장은 너무 달콤하게 들렸다.

그날 밤, 그는 오랜만에 통장을 열어봤다. 잔고는 늘 보던 숫자였다. 큰 변동도 없었고, 계획적인 저축도 없었다. 그 숫자가 갑자기 초라하게 느껴졌다. '이 돈으로는 아무것도 못 하겠네.' 그 순간부터 마음속에 어떤 불씨가 피어올랐다.

다음 날 아침, 출근길에 그는 투자 관련 책을 주문했다. 회사에서도 일하는 틈틈이 주식과 부동산, 코인 이야기를 검색했다. 점점 더 많은 정보가 눈에 들어왔고, 사람들의 성공담이 쏟아졌다.

"누구는 3천만 원으로 시작해서 1억을 벌었다더라."

"코인으로 1년 만에 집을 샀대."

그 말들이 현실감 있게 다가왔다. 그가 가진 돈은 많지 않았지만, 마음속 꿈은 점점 커졌다. 어느새 그는 단순한 '투자 입문자'가 아니라 '성공을 꿈꾸는 예비 부자'가 되어 있었다.

그는 밤마다 차트를 보며 상상의 나래를 펼쳤다. '이 종목이 오르면, 그때는 회사를 그만두고 여행을 다녀야지. 프리랜서로 일하면서 여유롭게 커피 마시는 삶을 살 거야.' 그의 상상은 구체적이었다. 휴양지의 바다, 테라스에서 노트북을 켜는 자신, 그리고 계좌 속 늘어나는 숫자들. 그 모든 그림이 너무 선명해서 진짜 현실처럼 느껴졌다. 잠이 오지 않아 새벽까지 그래프를 들여다보다가도, 피곤한 몸으로 출근길 지하철에 앉으면 괜히 웃음이 났다. '곧 나도 달라질 거야.'

그는 통장에 있던 돈 대부분을 모아 첫 투자를 시작했다. 생각보다 절차는 간단했다. 클릭 몇 번으로 주문이 체결되었고, 그 순간부터 화면 속 숫자가 그의 하루를 지배했다. 처음에는 불안했다. 하지만 며칠 뒤, 주가가 조금 오르자 그 불안은 곧 자신감으로 바뀌었다. '역시 내가 감이 있네.' 그는 출근 중에도, 회의 중에도, 화장실에서도 수시로 시세를 확인했다. 작은 변화에도 마음이 흔들렸고, 숫자가 빨간색이면 기분이 좋아지고 파랗게 바뀌면 이유 없이 초조해졌다.

주말에도 그는 시장을 떠나지 못했다. 친구들이 놀자고 해도 '오늘은 좀 바빠'라며 거절하고 증권사 앱을 열었다. 새로운 투자 영상을 보며 메모를 하고, 댓글을 읽으며 자신만의 판단 근거를 세우려 했다. 하지만 그 안에는 냉정한 분석보다 '곧 나도 부자가 될 거야'라는 기대감이 훨씬 컸다. 그의 통장은 그대로였지만, 머릿속 숫자는 이미 수억 단위로 커져 있었다.

그러던 어느 날, 주가가 급락했다. 갑자기 떨어지는 그래프를 보며 그는 손이 얼어붙었다. '설마 다시 오르겠지?'라며 스스로를 위로했지만, 하락세는 멈추지 않았다. 처음에는 당황했고, 이내 두려움이 몰려왔다. '내 돈이 왜 이렇게 빨리 사라지는 거야.' 그는 모니터를 붙잡은 채 한참을 멍하니 있었다. 손가락이 떨려서 매도 버튼을 누르지도 못했다. 평소에 머릿속에서 그리던 자유롭고 여유로운 미래는 한순간에 깨져버렸다.

며칠 뒤, 그는 가까스로 손실을 확정했다. 남은 돈은 처음의 절반도 되지 않았다. 화면을 닫고 난 뒤에도 한동안 멍했다. 주가가 아니라 그의 마음이 더 큰 폭으로 떨어져 있었다. '난 왜 이렇게 쉽게 믿었을까.' 통장 속 숫자가 줄어든 만큼 자존감도 작아졌다. 그는 며칠 동안 휴대폰을 꺼놓고 지냈다.

그로부터 시간이 지나면서 그는 서서히 현실을 받아들이기 시작했다. 처음에는 돈을 벌기 위한 투자였지만, 어느새 그는 꿈을 돈보다 크게 만들어버렸다는 걸 깨달았다. 마음속에서 그려왔던 화려한 그림이 너무 커져버려서, 그게 현실보다 더 강한 믿음이 되어버렸던 것이다. 그는 커피를 마시며 조용히 다이어리에 한 줄을 적었다.

〈꿈은 크되, 통장보다 앞서가면 위험하다.〉

이제 그는 예전처럼 밤을 새워 차트를 보지 않는다. 대신 매달 일정 금액을 조금씩 모으며 투자 공부를 이어간다. 큰 욕심은 줄었고, 대신 '조금씩 꾸준히'라는 단어가 마음에 남았다. 화면 속 숫자보다 중요한 건 마음의 균형이라는 걸 알게 되었기 때문이다. 언젠가 다시 꿈을 그릴 때, 그 꿈은 통장이 감당할 수 있을 만큼의 크기로 그리려 한다. 그는 미소를 지으며 조용히 화면을 닫았다. 그리고 속으로 되뇌었다. '이제는 현실 위에 꿈을 세워야지.'

파란 그래프 하나에 마음이 무너진 날

그날 아침 그는 평소보다 일찍 눈을 떴다. 밤새 꿈에서조차 그래프가 떠올라 피곤했지만, 눈을 뜨자마자 가장 먼저 휴대폰을 집어 들었다. 주식 앱을 열자 전날 마감된 주가가 살짝 내려가 있었다. '괜찮아, 하루 정도는 그럴 수 있지.' 그렇게 스스로를 다독이며 커피를 내렸다. 하지만 마음 한구석이 이상하게 불안했다. 출근길 지하철 안에서도 손가락이 자꾸 화면을 향했다. 장이 열리기도 전이었지만, 그는 이미 그래프를 몇 번이나 다시 확인했다. '오늘은 제발 오르길.' 그렇게 중얼거리며 애써 시선을 돌렸지만, 머릿속에서는 숫자들이 계속 움직이고 있었다.

회사에 도착해 자리에 앉았지만 일은 손에 잡히지 않았다. 오전 회의 중에도 그는 몰래 휴대폰을 열었다. 그래프는 여전히 아래로 향하고 있었다. -3%, -4%, -6%. 숫자가 파랗게 깜박일 때마다 심장이 함께 쿵 내려앉았다. '지금 팔까? 아니야, 잠깐 조정이겠지.' 그렇게 스스로를 설득하려 했지만, 화면 속 파란 선이 점점 길어질수록 불안은 말보다 빨랐다. 옆자리에 앉은 동료가 농담을 던졌지만, 그는 웃지 못했다. 머릿속에선 오직 그 그래프만이 선명했다.

점심시간이 되자 그는 밥을 거의 넘기지 못했다. 식당에서 동료들이 떠드는 소리도 들리지 않았다. '지금이라도 팔아야 할까. 손실이 더 커지면 정말 견디기 힘들텐데.' 하지만 손가락은 매도 버튼을 누르지 못했다. '이건 심리전이야. 마음이 약하면 지는 거야.' 그렇게 다짐하면서도 눈길은 계속 그래프에 머물렀다. 파란 곡선이 내려갈 때마다 마치 자신이 그 아래로 미끄러지는 느낌이 들었다.

오후가 되자 주가는 더 크게 흔들렸다. -8%, -10%, -12%. 그래프가 깊게 파란 곡선을 그리며 화면의 절반을 차지했다. 그의 손바닥은 땀으로 젖어 있었다. 아무리 손을 닦아도 다시 축축해졌다. 그때 한 동료가 말했다.

"요즘 시장 안 좋아요. 잠깐 빠지는 거예요."

그 말이 위로가 되지 않았다. 오히려 그 말이 불안의 그림자를 더 길게 늘였다. 그는 혼잣말로 중얼거렸다.

"잠깐이 얼마나 긴데."

오후 3시가 가까워질수록 불안은 공포로 변했다. 그는 더 이상 일할 수 없었다. 모니터 한쪽에는 업무 파일이, 다른 한쪽에는 차트가 떠 있었다. 손끝은 매도 버튼 위에서 망설였다.

"지금 팔면 손해지만, 안 팔면 더 손해일 수도 있어."

머릿속이 혼란스러웠다. 판단이 아닌 본능이 움직였다. 결국 손끝이 매도 버튼을 눌렀다. 체결 알림음이 짧게 울렸다. 그 소리가 이상하게 크게 들렸다. 화면 속 파란 그래프가 사라졌지만, 마음속엔 더 깊은 공허함이 남았다.

퇴근길 지하철 창밖을 바라보며 그는 멍하니 앉아 있었다. 퇴근 인파의 소음이 들리지 않았다. 마음속에서는 아까의 그래프가 계속 그려지고 있었다. 파란 선이 천천히 아래로 내려가던 그 순간, 마치 자신이 미끄러지듯 함께 떨어지는 느낌이었다.

"내가 왜 이렇게 약할까. 조금만 버텼으면 되는 건데."

그런 생각이 계속 맴돌았다. 집에 도착해서도 그는 불 꺼진 방에서 한참 동안 휴대폰을 쥐고 있었다. 이미 팔아버린 주식의 시세를 다시 확인하며 후회와 허무가 번갈아 밀려왔다.

며칠이 지나고, 그는 다시 그 종목의 차트를 열어봤다. 주가는 놀랍게도 반등하고 있었다. +5%, +7%, +10%. 화면 속 빨간 그래프가 오히려 더 아프게 느껴졌다.

"그때 팔지만 않았더라면."

그 말이 자동으로 입에서 흘러나왔다. 하지만 그 순간 그는 알았다. 자신이 패배한 건 돈이 아니라 마음이었다는 것을. 파란 그래프가 내려갈 때 흔들린 건 시장이 아니라 자신이었다.

그는 노트북을 닫고 조용히 커피를 내렸다. 컵을 잡은 손이 여전히 미세하게 떨렸다. 하지만 이번엔 그 떨림이 다르게 느껴졌다. 두려움이 아니라 깨달음이었다.

"그래프가 흔들리는 건 자연스러운 일인데, 그때마다 내가 흔들릴 필요는 없잖아."

그는 천천히 숨을 내쉬었다. 커피 향이 퍼지는 동안 마음속 긴장도 조금씩 풀렸다.

그날 밤 그는 다이어리에 짧은 문장을 남겼다.

〈파란 그래프는 마음의 거울이었다.〉

〈시장은 흔들려도, 나 자신은 흔들리지 않게.〉

그 문장을 적으며 마음이 조금 가벼워졌다. 다음날 아침, 그는 습관처럼 휴대폰을 켰다. 주가가 다시 약간 하락해 있었다. 하지만 이번엔 달랐다. 어제 같으면 심장이 쿵 내려앉았을 텐데, 오늘은 그냥 담담하게 화면을 닫았다.

그는 알고 있었다. 파란 그래프는 단순한 숫자가 아니라 감정의 시험이었다는 걸. 그날의 경험이 그에게 가르쳐준 건, 주식은 시장보다 마음이 먼저 무너진다는 사실이었다. 그는 커피 한 모금을 마시며 미소를 지었다. 오늘은 그래프가 파랗게 물들어도 흔들리지 않았다. 어제의 두려움이 오늘의 평정을 만들어준 셈이었다. 그렇게 그는 또 하나의 작은 수업을 마친 기분이었다. 그의 손끝은 여전히 조심스러웠지만, 마음만큼은 단단해지고 있었다. 오늘도 그는 다이어리 한 구석에 한 줄을 적었다.

〈그래프는 떨어져도 나는 무너지지 않는다.〉

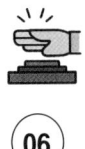

06

뉴스 속 한 문장에 판단이 흔들린 이유

그날 오전, 그는 평소보다 기분이 좋았다. 며칠 전 산 주식이 꾸준히 오르고 있었고, 계좌를 열 때마다 늘어난 평가 금액이 기분 좋은 자신감을 주었다. 커피를 내리며 그는 혼잣말로 중얼거렸다.

"이제 좀 감이 오네."

스스로를 조금은 능숙한 투자자라 느끼던 그때, 휴대폰 화면에 뉴스 알림이 떴다.

"정부, 투자 관련 규제 강화 검토 중."

짧은 한 문장이었지만, 그의 손이 순간 멈췄다.

처음엔 대수롭지 않게 넘겼다. '그럴 수도 있지. 뉴스는 늘 뭔가를 부풀리잖아.' 하지만 출근길 지하철에서 같은 소식이 또 반복해서 뜨자 점점 마음이 불안해졌다. SNS를 켜자 관련된 게시글들이 쏟아졌다.

"이러다 주가 폭락하는 거 아니야?"

"이거 진짜 악재네."

"지금이라도 탈출해야 할 듯."

사람들의 글마다 불안이 묻어났다. 그는 기사 내용을 다시 읽었다. '검토 중'이라는 표현이었지만, 이미 그의 머릿속에서는 '확정'으로 바뀌어 있었다.

회사에 도착하자마자 그는 노트북을 켜고 실시간 시세를 확인했다. 주가는 아직 크게 변하지 않았지만, 손끝이 저릿했다. '지금은 조용하지만 곧 떨어질 거야.' 머릿속에서 그런 생각이 끊임없이 맴돌았다. 오전 회의가 열렸지만 그는 집중하지 못했다. 회의 중에도 몰래 휴대폰을 들여다보며 그래프를 봤다. 파란색 선이 아주 조금 내려가 있었다. 미세한 하락이었지만, 그의 심장은 크게 요동쳤다.

점심시간이 되자 그는 동료들과 식당으로 향했다. 평소 같으면 메뉴 애기로 웃음이 오갔겠지만, 오늘 그는 거의 말을 하지 않았다. 휴대폰에서 눈을 떼지 못한 채 실시간 뉴스를 새로고침했다. 또 다른 매체가 비슷한 제목으로 기사를 냈다.

"규제 강화, 시장에 긴장감 확산."

그 문장을 보는 순간, 그의 손가락이 떨렸다. 뉴스의 내용은 구체적이지 않았고, 관계자의 발언은 '아직 논의 단계'였다. 하지만 이미 그의 마음은 '지금이 위험하다'는 확신으로 바뀌었다.

오후 들어 주가가 조금 더 내렸다. -2%, -3%. 시장 전체가 흔들리는 건 아니었지만, 그의 종목만 유독 약세였다. 그는 불안한 마음을 감추지 못하고 메신저 창을 열었다. 함께 투자하는 친구에게 물었다.

"야, 뉴스 봤어? 이거 진짜 악재일까?"

친구는 아무렇지 않게 대답했다.

"아직 확정된 것도 아닌데 너무 예민하게 반응하지 마."

하지만 그 말이 오히려 그를 더 초조하게 만들었다. '왜 저 친구는 이렇게 느긋하지? 혹시 내가 놓치고 있는 정보가 있나?'

그는 인터넷 커뮤니티를 돌아다니며 다른 사람들의 반응을 찾아봤다. 어떤 이는 '지금이라도 손절해야 한다'고 했고, 또 어떤 이는 '이럴 때일수록 더 사야 한다'고 말했다. 수백 개의 댓글이 달려 있지만, 결론은 하나도 없었다. 사람들의 온도차가 클수록 그의 마음은 더 흔들렸다.

"도대체 누가 맞는 거야?"

혼란스러움 속에서 그는 자신의 판단이 더 이상 믿기지 않았다.

퇴근 시간이 다가올 무렵, 주가는 하루 종일 소폭 하락세를 이어가며 마감 직전을 향하고 있었다. -4%. 그는 의자에 앉은 채 한참을 화면만 바라봤다. '지금 팔면 손해지만, 내일 더 떨어지면 더 큰 손해잖아.' 머릿속 계산이 복잡하게 얽혔다. 회의는 이미 끝났지만, 그는 모니터 앞에서 손가락만 까딱거렸다. 그래프의 파란 선이 점점 길어지는 걸 보자 가슴이 쿵 내려앉았다. 결국 그는 마우스를 움직였다.

"지금이라도 팔자."

그렇게 중얼거리며 매도 버튼을 눌렀다. 체결 알림음이 울리는 순간, 손끝이 차갑게 식었다. 거래창이 닫히자 묘한 안도감이 밀려왔지만, 곧 텅 빈 기분이 그 자리를 대신했다. 모니터 속 그래프는 여전히 파랗게 깜박이고 있었다.

다음 날 아침, 그는 다시 뉴스를 확인했다.

"규제 강화, 사실무근… 정부 해명."

화면 속 문장은 너무 담담했다. 마치 어제의 불안은 처음부터 없었던 일처럼 느껴졌다. 그는 다시 차트를 열었다. 어제 팔아버린 종목은 전날의 하락을 모두 회복하고 있었다. +6%. 화면 속 초록색 그래프가 오히려 더 아프게 느껴졌다. '어제, 그 한 문장만 안 봤더라면.' 그는 한숨을 쉬며 휴대폰을 내려놓았다.

퇴근 후, 그는 집으로 돌아와 멍하니 앉았다. 뉴스를 다시 떠올리며 마음속으로 곱씹었다. '나는 뉴스가 아니라 분위기에 휘둘렸던 거구나.' 그제야 조금씩 이해가 됐다. 사람들은 정보를 본다기보다, 그 정보에 반응하는 다른 사람들의 감정에 더 크게 영향을 받는다. 어제 그가 흔들렸던 건 기사 때문이 아니라, 그 기사를 본 수많은 사람들의 불안이 그의 마음에 스며들었기 때문이었다.

그는 다이어리를 펼치고 이렇게 적었다.

〈뉴스 한 줄에 내 감정을 맡기지 말 것.〉

〈정보는 참고일 뿐, 결정은 나의 몫이다.〉

글씨를 다 쓰고 나자 마음이 조금은 편해졌다. 그는 다시 커피를 내리고 조용히 창밖을 바라봤다. 밤공기가 차가웠지만, 머릿속은 이상하게 맑았다.

며칠 뒤, 또다시 비슷한 뉴스가 나왔다. 이번에도 사람들은 떠들어댔다. 하지만 그는 서둘러 앱을 열지 않았다. 대신 차분히 커피를 한 모금 마셨다. 주식 시장은 늘 요동치고, 뉴스는 언제나 흔들린다.

하지만 이제 그는 안다. 뉴스가 세상을 바꾸는 게 아니라, 그 뉴스에 흔들리는 '마음'이 자신의 세상을 바꾼다는 걸.

그날 밤, 그는 다이어리 맨 마지막 줄에 한 문장을 덧썼다.

〈흔들린 건 시장이 아니라 나였다.〉

그는 그 문장을 천천히 읽고 웃었다. 어제의 불안이 오늘의 배움이 된 셈이었다. 그리고 마음속으로 다짐했다. '다음에 또 뉴스가 나와도, 나는 내 판단으로 움직일 거야.' 그렇게 생각하자 화면 속 숫자는 여전히 변하고 있었지만, 그 숫자에 흔들리는 마음은 더 이상 없었다. 그는 노트북을 닫고 불을 끄며 조용히 말했다.

"이제 정말, 뉴스보다 내 마음을 먼저 봐야겠다."

남의 수익률에 나도 따라 사고 싶어진 날

그날 저녁, 그는 퇴근 후 카페에 앉아 커피를 마시며 SNS를 스크롤하고 있었다. 피곤한 하루를 마치고 잠시 머리를 식히려는 평범한 습관이었다. 그런데 눈에 익은 이름이 보였다. 대학 동기 민수가 올린 게시글이었다.

"요즘 주식 덕분에 살 맛 난다. 이번 달 수익률 +42%!"

문장 아래에는 빨간색 그래프와 함께 계좌 잔고 캡처 사진이 올라와 있었다. 그는 처음엔 대수롭지 않게 넘기려 했다. 하지만 그 숫자가 자꾸 눈에 밟혔다.

"+42%라니… 그게 가능해?"

잠시 머뭇거리던 그는 댓글창을 열었다.

"와, 대단하다!", "형, 뭐 샀어요?", "비결 좀 공유해주세요!"

사람들의 반응이 줄줄이 달려 있었다. 민수는 여유로운 말투로 답했다.

"아는 사람만 아는 종목이지. 아직 늦지 않았어."

그 짧은 대답이 이상하게 마음을 건드렸다.

그는 민수를 떠올렸다. 같은 시기에 취업했고, 비슷한 연봉에 비슷한 직장 생활을 하고 있었다. 그런데 이렇게 차이가 날 줄은 몰랐다. '나보다 특별히 더 똑똑한 것도 아닌데…' 그런 생각이 들자 마음이 조금 쓰라렸다. 단순한 부러움이 아니라, '나만 제자리인가' 하는 초조함이었다. 집으로 돌아오는 길에 그는 민수가 올린 그래프를 다시 봤다. 빨간색 선이 위로 치솟아 있었다. 그 선이 마치 '너는 아직 멀었어'라고 말하는 것처럼 느껴졌다.

그날 밤, 그는 잠이 오지 않았다. 머릿속에 계속 '42%'라는 숫자가 떠올랐다. '나는 아직 은행 이자 몇 퍼센트에도 신경 쓰는데, 저 사람은 한 달 만에 42%를 벌었다고?' 자신이 너무 평범하게 살고 있는 것 같았다. 그렇게 생각하니 가슴이 답답해졌다. 결국 그는 침대에서 일어나 노트북을 켰다. 검색창에 '민수 수익률 주식' '요즘 급등 종목' 같은 키워드를 쳐봤다. 화면에는 다양한 추천 종목과 분석 영상이 쏟아졌다. '이 종목, 다음 달까지 간다!', '이건 진짜 기회다!'라는 제목이 줄지어 있었다. 그는 하나하나 클릭하며 영상에 빠져들었다. 처음에는 반신반의했지만, 여러 영상을 보다 보니 점점 확신이 생겼다.

"다들 이걸 얘기하는 거 보니까 진짜인가 보다."

다음 날 아침, 그는 평소보다 일찍 일어났다. 출근 준비를 하면서도 머릿속엔 온통 그 종목 생각뿐이었다. 출근 후 휴대폰으로 시세를 확인하니 전날보다 조금 올라 있었다. '이제 늦기 전에 들어가야 하나?' 손끝이 간질거렸다. 결국 그는 점심시간이 되자마자 회사 근처 카페로 나가 휴대폰을 꺼냈다. 메뉴를 주문하면서도 시선은 화면에 고정돼 있었다. 그리고 마침내 매수 버튼을 눌렀다. 순간 심장이 두근거렸다. '나도 드디어 시작하는구나.' 그때만 해도 그것이 어떤 시작이 될지 몰랐다.

하루 이틀은 기분이 좋았다. 주가가 조금씩 오르며 빨간색 숫자가 떴고, 계좌 잔고가 미세하게 늘었다. '민수가 괜히 말한 게 아니었네.' 그는 뿌듯했다. 하지만 며칠 뒤 상황이 달라졌다. 갑자기 주가가 하락하기 시작한 것이다. '오늘은 그냥 조정이겠지.' 그렇게 자신을 다독였지만, 이틀 뒤에는 더 떨어졌다. -5%, -8%, -11%. 파란색 선이 점점 길어지자 그의 마음도 무너졌다. SNS를 열어보니 민수의 계정은 조용했다. 댓글로 누군가 물었다.

"형, 이 종목 요즘 왜 이래요?"

하지만 민수는 답하지 않았다. 그는 불안했다.

퇴근 후, 그는 다시 민수에게 메시지를 보냈다.

"야, 그 종목 괜찮은 거 맞지?"

몇 시간 뒤 돌아온 답장은 짧았다.

"요즘 시장이 안 좋아서 그래. 좀만 버텨봐."

하지만 그 말이 위로가 되지 않았다. '버티면 더 떨어지는 거 아냐?' 그는 스스로에게 수십 번 물었다. 마음은 점점 불안해졌고, 밤마다 잠들기 전에 차트를 열어보는 게 습관이 됐다. 숫자는 계속 파랗게 물들어 있었고, 그의 눈가엔 점점 피로가 쌓였다.

결국 그는 손실을 확정했다. 매도 버튼을 누르고 나서 화면을 바라보니 마음이 텅 비었다. '민수는 벌었는데 왜 나는 이 모양이지.' 서운함과 자책이 뒤섞였다. 하지만 이상하게도 그 감정의 밑바닥에는 '나도 잘해보고 싶었다'는 순진한 마음이 있었다. 그는 자신이 욕심을 부린 게 아니라, 단지 뒤처지고 싶지 않았다는 걸 깨달았다.

며칠 뒤, 그는 민수를 다시 만났다. 카페에 앉아 대화를 나누던 중 민수가 말했다.

"야, 나도 그 종목 손해봤어. 이번엔 타이밍이 안 좋았지."

그 말에 그는 놀랐다.

"근데 SNS에는 수익 인증 올렸잖아."

민수는 쓴웃음을 지었다.

"그건 지난번 다른 종목 얘기였어. 솔직히 다들 자기가 잘된 얘기만 올리잖아."

그 말이 가슴에 깊게 박혔다. 그제야 알았다. 자신이 비교한 건 '현실'이 아니라 '누군가의 일부'였다는 걸.

그는 집으로 돌아오는 길에 휴대폰을 꺼냈다. SNS를 열고, 팔로우 목록 중 투자 관련 계정을 몇 개 정리했다. '남의 수익률은 내 인생의 기준이 될 수 없다.' 그렇게 생각하자 마음이 조금 편안해졌다. 사람들은 늘 자신의 좋은 순간만 보여준다. 그런데 그 장면을 진짜라고 믿으면, 그건 결국 자신을 속이는 일이었다.

그날 밤, 그는 조용히 다이어리를 펼쳤다. 그리고 이렇게 썼다.

〈남의 수익률은 내 목표가 아니다.〉

〈비교는 나를 흔드는 가장 빠른 길이다.〉

펜끝이 멈추자 마음이 고요해졌다.

이제 그는 누가 수익 인증을 해도 쉽게 흔들리지 않는다. 오히려 그런 게시글을 볼 때마다 '그 사람의 시간과 나의 시간은 다르다'고 스스로 되새긴다. 시장은 늘 불확실하고, 사람들의 말은 언제나 과장되어 있다. 하지만 한 가지는 확실하다. 자신의 감정만큼은 스스로 지켜야 한다는 것.

그는 커피를 마시며 미소를 지었다. 화면 속 수익률 대신, 자신의 속도를 보기로 했다. 어제보다 조금 더 침착해진 마음이 오늘의 성과였다. 그리고 다이어리에 한 줄을 덧썼다.

〈투자는 남을 따라가는 게 아니라, 나를 이해하는 일이다.〉

08
새벽 두 시, 흔들리는 마음

밤은 고요했지만, 그의 마음은 잠들지 못했다. 침대 머리맡에서 휴대폰 불빛이 희미하게 번졌다. 시계는 새벽 두 시를 가리키고 있었다. 대부분의 사람들은 이미 깊은 잠에 빠졌을 시간, 하지만 그는 이불을 덮은 채 눈을 감지 못한 채였다. 손끝이 저절로 움직였다. 잠깐만 보고 자야지, 그렇게 스스로에게 말하며 증권사 앱을 열었다. 화면이 켜지는 순간, 깜깜한 방 안에 푸른빛이 번졌다. 차트는 실시간으로 움직이고 있었다. 미국장은 지금 한창이었다.

그는 며칠 전부터 미국 주식에 손을 대기 시작했다. 주변 사람들이 '요즘은 미국장이 답이다'라며 권하던 말이 머릿속에 남아 있었다.

"국내 시장은 재미없어, 해외로 가야 수익이 나."

그 한마디가 자꾸 떠올라 결국 호기심에 계좌를 열고 달러를 환전했다. 처음엔 그저 구경하는 기분이었다. 하지만 첫날 밤, 주가가 움직이는 걸 보면서 그는 묘한 흥분을 느꼈다. '이건 국내 장이랑 다르네. 진짜 실시간으로 세상이 돌아가는 느낌이야.' 그날 이후로 그는 잠들기 전마다 미국장을 확인하는 습관이 생겼다.

하지만 오늘 밤은 달랐다. 차트가 심상치 않았다. 평소에 꾸준히 올라가던 종목이 갑자기 꺾여 있었다. -3.5%, -4.2%… 빨간 그래프가 파랗게 변해 가는 걸 보는 순간, 가슴이 쿵 하고 내려앉았다. 그는 자리에서 벌떡 일어났다. '이게 뭐지? 왜 떨어져?' 머릿속이 복잡해졌다. 뉴스를 검색해보니 시장 전체가 흔들리고 있었다. '인플레이션 우려로 기술주 약세'라는 제목이 눈에 들어왔다. 하지만 기사 내용은 너무 어렵고 모호했다. '결국 떨어진다는 얘기잖아…' 그렇게 단정짓는 순간, 그는 다시 화면으로 눈을 돌렸다.

숫자는 실시간으로 미세하게 움직였다. +0.3%, -0.8%, 다시 -1.5%. 오르락내리락하는 그래프를 보는 동안 심장이 함께 뛰었다. 그는 불안해서 앱을 닫았다가 다시 열었다. 몇 초 차이로 그래프가 바뀌는 걸 보며 마음이 더 요동쳤다. '괜찮아, 그냥 일시적인 조정일 거야.' 그렇게 스스로를 다독였지만, 손가락은 또다시 화면을 눌렀다. 그래프는 여전히 파란색이었다. 확인할수록 불안은 더 커졌다.

그는 침대 옆 탁자에 있던 커피 잔을 집어 들었다. 식은 커피가 입안에 쓸쓸하게 번졌다. 시계는 새벽 2시 37분. 머릿속에서는 온갖 생각이 뒤섞였다. '지금 팔까? 아니면 버텨볼까?' 하지만 손실을 확정짓는 버튼을 누르는 건 쉽지 않았다. '혹시 지금 팔면 내일 오르면 어떡하지? 반대로 안 팔면 더 떨어지면 어떡하지?' 두 가지 생각이 엇갈리며 가슴이 조여왔다. 그렇게 몇 번이나 매도창을 열었다가 닫기를 반복했다.

그는 자신이 왜 이렇게 불안한지 알 것 같았다. 돈을 잃는 게 두려운 게 아니라, 통제할 수 없는 상황이 무서운 거였다. 낮에는 일하느라 바쁘니 시장을 확인할 틈이 없었고, 이렇게 밤이 되면 마음이 텅 비면서 그 빈자리를 불안이 채웠다. 새벽이라는 시간은 이상하게 감정을 증폭시켰다. 고요 속에서 손끝 하나로 세상의 움직임을 조종할 수 있을 것 같은 착각, 그리고 동시에 아무것도 바꿀 수 없다는 현실. 그 사이에서 그는 점점 깊은 수렁으로 빠져들었다.

그는 앱을 닫았다가 다시 켰다. 그래프는 여전히 파랗게 빛나고 있었다. 확인할수록 마음은 더 조급해졌다. 주가가 회복될까 봐, 혹은 더 떨어질까 봐. 하지만 알고 있었다. 이건 정보 확인이 아니라 감정의 반응이라는 걸. 손끝으로 시장을 조종하려는 마음이 자신을 더 흔들리게 한다는 걸. 그래도 그는 휴대폰을 내려놓지 못했다. 화면을 바라볼 때마다 심장은 더 빨리 뛰었고, 눈은 점점 피로해졌다.

새벽 3시가 가까워오자 눈꺼풀이 무거워졌다. 화면은 여전히 차갑게 빛나고 있었다. 그때 문득 이런 생각이 스쳤다. '이게 무슨 의미가 있을까.' 주식 가격은 계속 움직이지만, 지금 내가 할 수 있는 일은 아무것도 없었다. 그는 천천히 휴대폰을 내려놓고 눈을 감았다. 잠시 후 다시 눈을 떴지만, 차트를 보는 대신 천장을 바라봤다. '시장보다 더 큰 건 내 마음이구나.' 그렇게 생각하니 조금은 편안해졌다.

그는 자리에서 일어나 창문을 열었다. 차가운 공기가 방 안으로 스며들었다. 멀리서 새벽 첫 버스가 지나가는 소리가 들렸다. 그는 깊게 숨을 내쉬었다. 화면 속 숫자는 여전히 변하고 있었지만, 그 순간만큼은 상관없었다. 손에 쥔 휴대폰이 아니라, 마음속 불안을 내려놓는 게 더 중요하다는 걸 깨달았다.

그는 다시 침대에 누워 천천히 이불을 덮었다. 눈을 감기 전, 속으로 말했다. '이제는 그래프보다 나를 먼저 봐야겠다.' 그리고 오랜만에 휴대폰을 머리맡에 두지 않았다.

다음 날 아침, 눈을 떴을 때 놀랍게도 기분이 평온했다. 급하게 차트를 켜지 않았다. 대신 창문을 열고 햇살을 맞았다. 커피를 내리며 생각했다. '어제는 시장이 아니라 내 감정이 문제였구나.' 그는 느긋하게 시세를 확인했다. 주가는 소폭 반등하고 있었다.

그는 웃었다. 어제의 새벽은 길었지만, 그 긴 시간 동안 배운 건 하나였다. 화면을 아무리 확인해도 마음은 안정되지 않는다는 것. 그는 다이어리에 이렇게 적었다.

〈불안할수록 멈춰라. 화면을 다시 켜는 건 시장이 아니라 내 불안을 확인하는 행동이다.〉

그 문장을 쓰고 나서 그는 천천히 펜을 내려놓았다. 오늘 밤에도 시장은 흔들릴 것이다. 하지만 이제 그는 안다. 불안한 새벽을 견디는 힘은 손끝이 아니라 마음에서 나온다는 것을. 그리고 그 마음은 차트를 보는 대신, 나 자신을 들여다볼 때 비로소 단단해진다는 것을.

전문가의 조언을 맹신한 결과

그는 늘 조심스러운 사람이었다. 어떤 결정을 내릴 때마다 꼼꼼히 찾아보고 신중하게 판단하려 노력했다. 하지만 투자만큼은 달랐다. 처음 주식 시장에 발을 들였을 때, 그는 정보의 바다 속에서 방향을 잃었다. 뉴스, 유튜브, 커뮤니티, 포럼, 다들 말이 달랐다. '이건 무조건 오른다', '지금 사면 늦다', '곧 폭락 온다' 같은 상반된 목소리들이 동시에 쏟아졌다. 혼자 판단하기엔 버거웠다. 그래서 그는 믿을 만한 '누군가'를 찾기로 했다. 그렇게 시작된 게 '전문가의 조언'이었다.

그가 처음 그 사람의 영상을 본 건 퇴근길 지하철이었다. 인기 있는 주식 유튜버였고, 팔로워 수는 백만 명에 달했다. 깔끔한 정장 차림에 자신감 넘치는 말투, 정확한 데이터와 그래프, 그리고 '이건 제 확신입니다'라는 단언. 화면 속 사람은 너무나 확신에 차 있었고, 그 모습이 이상하게 신뢰로 느껴졌다. 그는 그날 밤 집에 돌아오자마자 그 영상에서 언급된 종목을 찾아봤다. 가격은 꾸준히 오르는 중이었다. '진짜로 될 수도 있겠다.' 그렇게 생각한 그는 다음날 매수 버튼을 눌렀다.

며칠 동안은 모든 게 완벽했다. 주가는 매일 상승했고, 영상에서 들었던 말들이 현실이 되어가는 것 같았다. '전문가 말이 맞았어.' 그는 오랜만에 뿌듯함을 느꼈다. 점심시간마다 차트를 확인하며 혼자 미소를 지었다. 하지만 사람 마음은 참 간사하다. 조금만 수익이 나면 더 욕심이 생기고, 확신은 과신으로 바뀐다. 그러던 어느 날, 그 유튜버가 새로운 영상을 올렸다.

"이 종목은 이제 조정이 끝나고 곧 폭등이 올 겁니다."

그는 주저하지 않았다. 오히려 추가 매수를 했다. 자신이 옳은 판단을 하고 있다는 확신이 너무 컸다.

하지만 며칠 후, 주가는 갑자기 급락하기 시작했다. 처음엔 잠깐의 하락이라 생각했다.

"조정이겠지, 다시 오를 거야."

하지만 하루, 이틀, 사흘이 지나도 주가는 계속 떨어졌다. -3%, -5%, -8%. 손실이 늘어날수록 마음이 조급해졌다. 다시 그 유튜버의 채널을 찾아갔다. 그는 여전히 자신감 있게 말했다.

"지금 흔들리면 안 됩니다. 오히려 기회예요."

그 말이 이상하게 위로처럼 들렸다. 그는 손실이 커지는 걸 보면서도 팔지 않았다.

그렇게 일주일이 지났다. 주가는 반토막이 났다. 더 이상 버틸 수 없었다. 그제야 그는 매도 버튼을 눌렀다. 마우스를 클릭하는 손이 떨렸다. 마음은 이미 지쳐 있었다. 계좌를 닫은 후 한참 동안 멍하니 앉아 있었다. 눈앞에는 그 유튜버의 미소 띤 얼굴이 떠올랐다.

"확신합니다."

그 말이 계속 귓가에 맴돌았다.

그는 한동안 그 사건을 누구에게도 말하지 않았다. 부끄러웠다.

"내가 왜 저 말을 그대로 믿었을까?"

스스로를 탓하면서도 완전히 이해할 수 없었다. 그저 누군가의 확신이 자신의 불안을 덮어줬다는 사실만이 또렷했다. 투자 초보일수록 확실한 답을 원한다. 자신은 잘 모르니까, 누군가가 대신 판단해주길 바란다. '그 사람이 아는 게 많으니까, 나보다 낫겠지.' 그런 심리가 믿음을 만든다. 하지만 그 믿음은 언제나 위험하다.

며칠 후 그는 다시 그 유튜버의 채널을 열었다. 놀랍게도 그 사람은 여전히 같은 톤으로 말하고 있었다.

"이번 하락은 예상된 조정입니다. 다음 기회를 준비하세요."

아무 일도 없었다는 듯, 또 다른 종목 이름을 내뱉고 있었다. 그 순간 그는 깨달았다. '이 사람은 자기 돈이 아니라 남의 돈으로 말하는 거구나.' 그제야 모든 게 이해됐다. 영상의 자신감은 책임이 없는 사람만이 가질 수 있는 태도였다.

그날 밤 그는 유튜브 앱을 삭제했다. 대신 노트를 꺼내 자신만의 투자 기록을 쓰기 시작했다.

〈남의 확신에 기대면 내 판단은 사라진다. 내 돈은 내가 결정해야 한다.〉

그 문장을 적는 동안, 마음이 조금은 가벼워졌다. 사실 그는 처음부터 알고 있었다. 주식은 결국 자기 책임이라는 걸. 하지만 막상 현실이 닥치면 사람은 흔들리기 마련이다. 누군가의 확신이 내 불안을 잠시 덮어주는 순간, 판단은 흐려진다.

그는 그날 이후로 뉴스나 방송을 볼 때마다 한 가지 질문을 던졌다.

"이 사람이 이 말을 해서 얻는 건 뭘까?"

그 질문 하나만으로도 훨씬 냉정해질 수 있었다. 정보를 믿지 말라는 게 아니라, 정보를 판단하는 주체가 자신이어야 한다는 걸 깨달은 것이다. 그건 단순히 투자 기술의 문제가 아니라, 마음의 독립에 관한 일이었다.

어느 날 회사 동료가 물었다.

"요즘 뭐 보고 투자해요? 좋은 채널 있으면 추천 좀 해줘요."

그는 잠시 웃으며 말했다.

"이젠 그런 거 안 봐. 대신 내 노트를 봐."

동료는 고개를 갸웃했지만, 그의 표정엔 확신 대신 평온이 있었다.

시간이 지나 주식 시장은 다시 변했다. 오르기도 하고 내리기도 했다. 하지만 그는 더 이상 조급해하지 않았다. 유튜브의 소음 대신 자신의 기록을 읽고, 다른 사람의 말보다 스스로의 판단을 신뢰했다. 시장은 여전히 예측 불가능했지만, 그는 그 안에서 흔들리지 않았다.

그날 밤, 그는 다시 노트를 펼치며 이렇게 적었다.

〈정보의 시대에 필요한 건 더 많은 정보가 아니라 더 강한 중심이다.〉

그 문장을 적으며 그는 미소 지었다. 남의 확신이 아닌 자신의 기준으로 투자한다는 건 결국 돈보다 마음을 지키는 일이었다. 그리고 그 마음이야말로 진짜 수익이었다.

확신이 감정을 덮을 때 판단은 흐려진다

그날 그는 오랜만에 자신감이 넘쳤다. 며칠 전부터 눈여겨보던 종목의 주가가 꾸준히 오르고 있었고, 차트의 흐름도 매끄러워 보였다. 뉴스에서는 호재성 기사들이 쏟아지고, 커뮤니티에서는 '이건 아직 초입이다'는 말이 계속 올라왔다. 그는 머릿속에서 이미 계산을 끝냈다.

"지금 들어가면 늦지 않아. 이번엔 확실해."

그렇게 그는 마치 정답을 아는 사람처럼 매수 버튼을 눌렀다. 손끝에 전해지는 미세한 떨림이 자신감으로 바뀌는 순간이었다. 그는 스스로에게 말했다.

"이번엔 다르다."

며칠 후, 주가는 기대만큼 오르지 않았다. 그래도 그는 불안하지 않았다. 오히려 그럴 때일수록 더 확신이 커졌다.

"지금은 잠깐 조정일 뿐이야. 내가 본 게 맞아."

그래프는 조금씩 꺾였지만 그는 손을 떼지 않았다. 오히려 떨어질 때마다 '지금이 저점이다'라며 조금씩 추가 매수를 했다. 머릿속엔 이미 시나리오가 완성되어 있었다.

"이건 반드시 다시 오를 거야. 기다리기만 하면 돼."

하지만 며칠이 지나고 주가는 더 깊게 내려갔다. 그때부터 그는 화면을 켜는 게 점점 두려워졌다.

자신감은 경험에서 자라지만, 확신은 감정에서 만들어진다. 특히 투자처럼 결과가 불확실한 영역에서는 확신이 이성을 덮기 쉽다. 사람은 자신이 옳다고 믿는 순간, 다른 정보들을 걸러내기 시작한다. 오르는 이유는 크게 보이고, 떨어질 가능성은 작게 느껴진다. 심리학에서는 이를 '확증 편향'이라고 부른다. 내가 믿고 싶은 정보만 선택적으로 받아들이는 현상이다. 그는 그걸 몰랐다. 자신이 분석한 근거가 아니라, 이미 '이건 맞을 거야'라는 감정이 결정을 이끌고 있었다는 사실을.

겉으로는 자신만만해 보여도 그 속에는 '틀리고 싶지 않다'는 두려움이 숨어 있다. 사람은 불확실한 상황에서 안정감을 찾기 위해 스스로에게 확신을 만든다. 그것이 때로는 거짓된 안도감이 되더라도 말이다. 그는 그걸 믿음이라 착각했다. 하지만 진짜 믿음은 근거 위에서 만들어지는 것이고, 확신은 근거를 덮어버린다. 그래서 확신에 사로잡힌 사람일수록 더 많은 근거를 찾으려 애쓴다. 하지만 그 근거는 이미 결론을 뒷받침하기 위한 조각들일 뿐, 새로운 시각을 열어주지 못한다.

그는 차트의 변동을 보며 스스로에게 말했다.

"이건 일시적인 하락이야. 다시 오를 거야."

하지만 그 말은 스스로를 위로하는 주문에 가까웠다. 그렇게 되길 바라는 마음이 이성을 대신하고 있었다. 사람의 뇌는 보고 싶은 것만 보려는 경향이 있다. 불안한 정보를 보면 스트레스를 받기 때문에, 뇌는 자연스럽게 그걸 피하려 한다. 그는 점점 더 긍정적인 뉴스만 찾아보고, 반대 의견은 클릭조차 하지 않았다. 그의 시야는 점점 좁아졌고, 판단은 자신 안에서만 맴돌았다.

주가가 더 내려가도 그는 여전히 버티고 있었다. 그때쯤이면 불안이 아니라 자존심의 문제로 바뀐다.

"지금 팔면 그동안의 판단이 틀렸다는 걸 인정해야 해."

그 생각이 그를 붙잡았다. 사람은 손실을 막으려 하기보다, '내가 틀리지 않았다'는 확신을 지키려 애쓴다. 그것이 얼마나 비합리적인 행동이든 상관없다. 그 순간의 감정은 논리를 이긴다. 그는 손실이 커질수록 오히려 더 확신했다.

"지금이 진짜 바닥이야."

하지만 그 말이 입에서 나올수록, 현실은 점점 더 멀어졌.

투자에서 위험한 건 몰라서 실수하는 게 아니다. 알고도 움직이지 못할 때 더 큰 손실이 발생한다. 확신은 바로 그 행동을 마비시킨다. 마음 한쪽에서는 이미 이상 신호를 느끼지만, 인정하고 싶지 않다. 인간의 뇌는 불편한 진실보다 편한 착각을 택한다. 그래서 확신은 사람을 고집스럽게 만들고, 결국 더 큰 오류로 이어진다. 그는 자신이 냉정하다고 믿었지만, 사실은 스스로 만든 믿음에 갇혀 있었다.

한참이 지나고 나서야 그는 그날의 선택을 돌아봤다. 사실 처음부터 근거는 충분하지 않았다. 하지만 그땐 '맞고 싶다'는 감정이 너무 강했다. 사람은 자신이 틀릴 수 있다는 가능성을 받아들이지 않으면, 아무리 많은 정보를 가져도 제대로 판단하지 못한다. 겸손은 단순히 태도의 문제가 아니다. 불확실한 세상에서 생존하기 위한 가장 실용적인 감정이다. 확신 대신 겸손을 갖는 순간, 판단은 넓어지고 행동은 유연해진다.

어느 날 그는 그 종목을 정리했다. 손실이 났지만 마음은 오히려 가벼웠다. 그제야 비로소 그는 깨달았다. 자신이 실패한 이유는 분석이 틀려서가 아니라, 감정이 먼저 결론을 내렸기 때문이었다. 사람은 누구나 틀릴 수 있다. 중요한 건 틀림을 인정하는 용기다. 확신은 우리를 단단하게 만들지만 동시에 눈을 가린다. 자신을 믿는 것과 자기 생각만 믿는 것은 전혀 다르다.

그는 이제 그래프를 볼 때마다 한 걸음 물러서 본다. 오르거나 내리거나, 어느 쪽에도 서두르지 않는다. 확신이 아니라 관찰의 눈으로 바라본다. 마음속에서 '이번엔 맞을 거야'라는 생각이 스칠 때면, 그는 조용히 한 문장을 떠올린다.

"확신은 감정의 이름일 뿐, 진실의 증거는 아니다."

그리고 그 말을 되뇌며 화면을 닫는다. 그러면 이상하게도 마음이 한결 편해진다. 판단의 선명함은 언제나 불확실함을 받아들인 뒤에 찾아온다는 걸, 이제 그는 알고 있었다.

⑪
인정하지 못할수록 손실은 커진다

처음에는 그저 잠깐의 하락이라 생각했다. 그래프가 살짝 내려가도 그는 웃으며 말했다.

"괜찮아, 이런 건 늘 있는 일이야."

하지만 그 '잠깐'이 하루가 되고, 이틀이 되고, 일주일이 되자 마음속에서 묘한 불안이 피어올랐다. 화면 속 숫자는 점점 작아지고, 마이너스 기호가 깊게 파였다. 그래도 그는 아무 일 없다는 듯 시선을 피했다. 그래프를 보는 대신 뉴스를 열었고, 자신에게 유리한 기사를 찾았다.

"지금은 단기 조정 구간."

그 문장을 본 순간 그는 안도했다.

"그래, 역시 그런 거였어. 내가 괜히 걱정했네."

하지만 그건 위로였지 근거가 아니었다.

손실이 커질수록 그는 스스로에게 변명을 했다.

"이건 시장 탓이지, 내가 잘못한 게 아니야."

그렇게 생각하면 잠시 마음이 편했다. 하지만 그 변명은 불안을 밀어내는 대신 더 크게 키웠다. 인간의 마음은 모순적이다. 자신이 틀렸다는 사실을 알면서도 그걸 입으로 내뱉는 순간 자존심이 무너질 것 같아 끝까지 버틴다. 그것이 이성의 판단보다 감정이 앞서는 순간이다. 사람은 '돈을 잃었다'는 사실보다 '내가 틀렸다'는 사실을 더 두려워한다. 그래서 손실보다 인정이 더 큰 상처가 된다.

그는 주가가 반 토막이 났는데도 '다시 오를 거야'라는 말을 되뇌었다. 그것이 희망이라 믿었지만, 사실은 현실을 밀어내는 주문이었다. 사람은 보고 싶은 것만 본다. 차트가 내려가는 중에도 반등 신호를 찾으려 애쓰고, 뉴스 속 희망적인 문장만 캡처해 저장한다. 반대로 부정적인 전망은 스스로 차단한다. 뇌는 불편한 정보를 회피하려는 습관이 있다. 그것이 감정의 방어 기제다. 하지만 그 방어는 잠시 안정을 줄 뿐, 결국 판단력을 마비시킨다. 현실을 보지 않으면 판단은 감정의 영역에 갇히고, 행동은 늦어진다. 그는 점점 더 시장의 흐름보다 자신의 생각을 믿게 되었다.

주가가 급락하던 어느 날, 친구가 말했다.

"이 정도면 손절해야 하는 거 아니야?"

그는 즉시 반응했다.

"괜찮아, 난 장기 투자야."

하지만 그 말은 믿음이 아니라 방어였다. 자신이 틀릴 수 있다는 말을 듣는 게 두려웠기 때문이다. 장기 투자라는 단어는 그에게 방패였다. 손실을 인정하지 않아도 되는 가장 편한 명분이었다. 사람은 스스로 만든 이유로 자신을 속인다. 그게 심리적 균형을 잠시 지켜주지만, 결과적으로 더 큰 위험을 부른다. '괜찮다'는 말은 때로 가장 위험한 신호가 된다.

그는 더 이상 수익을 기대하지 않았다. 하지만 팔지 않았다. 이유는 단 하나였다.

"이대로 팔면 내가 틀렸다는 걸 인정하는 거잖아."

그 마음이 손가락을 멈추게 했다. 돈의 문제가 아니었다. 사람은 자기 판단이 틀렸다고 느낄 때, 그것을 '실패'로 받아들이는 대신 '존재의 부정'으로 느끼기도 한다. 그래서 인정하지 못한다. 이건 투자뿐 아니라 인간관계에서도 같다. 잘못된 관계를 끊지 못하는 이유, 이미 틀어진 대화를 계속 이어가는 이유, 모두 '인정'이 두렵기 때문이다. 인간은 이성보다 체면과 자존심으로 더 자주 움직인다.

며칠 뒤 그는 결국 결정을 내렸다. 더 이상 버틸 수 없을 만큼 주가가 내려갔고, 그제야 매도 버튼을 눌렀다. 화면에 찍힌 손실 금액을 본 순간 심장이 쿵 내려앉았다. 하지만 이상하게도 마음은 한결 가벼웠다.

"이제 끝났다."

그 말이 입에서 나오는 순간, 오히려 숨이 쉬어졌다. 인정은 무너짐이 아니라 해방이었다. 사람은 끝을 받아들일 때 비로소 새로 시작할 수 있다. 틀렸다는 사실을 인정하는 것은 수치가 아니라 용기이며, 그 용기 덕분에 다시 움직일 수 있게 된다.

그날 이후 그는 자신의 투자 노트를 열었다. 손실의 원인을 적으며 스스로에게 말했다.

〈그때는 정말 내가 이길 수 있다고 생각했지.〉

그는 과거의 자신을 비난하지 않았다. 다만 그때의 감정을 객관적으로 바라보려 했다. 사람은 누구나 실수하지만, 실수를 인정하지 못할 때 같은 자리에 갇힌다. 그는 그제야 깨달았다. '돈을 잃는 건 일시적인 일일 뿐이지만, 판단을 고집하면 진짜로 잃는 건 나 자신이다.'

그는 이제 주가가 떨어질 때마다 '괜찮다' 대신 '왜 떨어졌을까?'라고 묻는다. 이유를 찾기 시작하면 감정은 조금씩 정리되고, 판단은 다시 선명해진다. 인정은 후퇴가 아니라 방향 전환이다. 그는 그것을 배웠다. 마음이 유연해질수록 손실은 줄어들고, 손실이 줄어들수록 평정이 찾아온다. 그는 이제 안다. 손실의 크기는 시장이 아니라, 인정하지 못한 마음의 크기에서 비롯된다는 것을.

⑫
감정으로 선택하고
이유를 덧붙이는 마음의 습관

사람은 스스로 이성적인 존재라고 믿지만, 사실 대부분의 결정은 감정이 먼저 내린다. 머릿속에서는 '충분히 생각했다'고 믿지만 마음은 이미 결론을 내린 상태에서 그 결정을 정당화할 이유를 찾는다. 투자에서도 이 흐름은 똑같이 반복된다. 차트가 갑자기 오르면 이익을 놓칠까 두렵고, 누군가의 추천이 들리면 괜히 마음이 쏠린다. 그때 우리는 '이건 성장 가능성이 높은 기업이야'라든가 '최근 실적이 좋아졌으니 괜찮겠지'같은 이유를 스스로 만들어낸다. 하지만 그 말은 분석이 아니라 위안에 가깝다. 이미 마음이 '사고 싶다'고 말하고 있고, 이성은 그 선택을 뒤따라가며 합리화의 옷을 입히는 것이다.

한 번은 이런 일이 있었다. 직장인 민수는 친구로부터 어떤 종목이 급등 중이라는 이야기를 들었다. 그래프를 보니 최근 일주일 사이에 거의 30%나 상승해 있었다. '이건 진짜다'라는 생각이 들자 손이 근질거렸다. 그런데 그는 마음속에서 이상한 대화가 오가는 걸 느꼈다.

"이 회사는 기술력도 괜찮고, 앞으로 성장성이 높겠지."

이렇게 스스로 이유를 만들면서도, 동시에 어딘가 불안했다. 사실 그가 그렇게 생각한 이유는 뉴스나 리포트가 아니라 단순히 '빨간 그래프'였다. 하지만 그 사실을 인정하기 싫었기에 그는 논리를 만들어냈다. 결국 그는 매수를 눌렀고, 며칠 후 주가는 다시 제자리로 돌아왔다. 남은 건 허탈함뿐이었다. 그는 그때 깨달았다. 자신이 이성적으로 판단한 게 아니라 이미 감정이 결정을 내렸다는 사실을.

감정이 결정을 앞질러버리면 판단의 방향은 흔들리기 쉽다. 기분이 좋을 때는 자신감이 지나치게 커지고, 불안할 때는 작은 신호에도 크게 흔들린다. 주식창을 열었을 때 빨간색 숫자가 보이면 뇌는 보상 회로가 자극돼 '행동해야 한다'는 신호를 보낸다. 반대로 파란색 그래프를 보면 '위험하니 피하라'는 반응이 자동으로 일어난다. 이런 감정의 반응은 아주 자연스러운 생존 본능이지만, 문제는 투자에서는 생존 본능이 오히려 손실을 키운다는 점이다. 감정은 순간의 안전을 원하지만 투자는 긴 호흡의 균형을 필요로 한다. 이 차이를 인식하지 못하면 감정의 방향에 따라 이성은 끊임없이 흔들린다.

이런 감정의 지배에서 벗어나기 위해서는 우선 '왜 지금 이 결정을 내리려 하는가'를 스스로에게 물어봐야 한다. 단순히 이유를 말로 떠올리는 것이 아니라, 직접 종이에 적어보는 것이 좋다. '지금 이 종목을 사려는 이유는?'이라고 쓰고 그 아래에 답을 적는다. 만약 '다들 사고 있어서', '오늘만 오를 것 같아서', '기분이 좋아서' 같은 이유가 나온다면, 그것은 감정의 선택이다. 하지만 '회사의 매출이 개선됐고,

성장성이 구체적으로 확인됐기 때문'이라면 이성의 선택에 가깝다. 이런 식으로 이유를 적는 행위 자체가 감정의 속도를 늦추고 생각의 공간을 만들어준다. 대부분의 충동은 몇 분만 지나도 사라진다. 감정은 파도처럼 몰려왔다가 사라지지만, 행동은 그 흔적을 남긴다.

감정으로 선택하고 나서 이유를 덧붙이는 습관은 단순한 심리적 오류가 아니라 '자아 방어'의 일종이다. 우리는 자신이 비합리적이라는 걸 인정하기 싫어하기 때문에, 행동 뒤에 이유를 덧붙인다. 그래야만 스스로를 납득시킬 수 있기 때문이다. 그래서 사람들은 손실이 나도 '지금은 조정이니까 괜찮아'라고 말하고, 이익이 나면 '내가 잘 판단했잖아'라며 운이 아닌 실력으로 포장한다. 이렇게 감정의 결정을 계속 합리화하다 보면, 객관적인 판단이 점점 어려워진다. 시장을 보는 눈이 아니라 자신의 감정을 확인하는 눈이 흐려지는 것이다.

이런 심리적 흐름에서 벗어나기 위해선, 감정을 억누르려 하기보다 '인정'하는 것이 중요하다. '나는 지금 불안하다', '나는 이익을 놓칠까 봐 초조하다'처럼 감정에 이름을 붙이는 연습이다. 감정은 인식되는 순간 그 힘이 약해진다. 우리가 불안할 때 그 감정을 모르면 행동이 커지지만, 그 불안을 인식하면 행동은 잦아든다. 단지 '알아차림'만으로도 감정의 영향력은 현저히 줄어든다. 이런 습관을 가진 사람은 손실이 나도 조급하게 매도하지 않고, 이익이 나도 들뜨지 않는다. 그들의 차이는 분석력보다 감정의 거리감에서 온다.

또한 감정이 개입된 결정을 피하려면 '타이밍'의 유혹을 경계해야 한다. 시장에는 언제나 '지금 아니면 늦는다'는 말이 떠돈다. 하지만

이 말은 대부분 감정적 압박을 유도하는 장치다. 누군가의 말 한마디, 뉴스 한 줄, SNS의 글 하나가 우리의 판단을 흔들 때, 그건 정보의 문제가 아니라 감정의 문제다. 그럴 땐 단순히 한 발 물러서는 것만으로도 충분하다. 시장은 늘 움직이지만, 진짜 기회는 언제나 돌아온다. 감정의 충동은 짧고, 판단의 결과는 길다.

감정으로 선택하는 사람은 늘 이유를 찾지만, 이성으로 판단하는 사람은 이유를 만든다. 전자는 결정을 합리화하기 위해 과거를 바라보고, 후자는 결정을 확신하기 위해 미래를 바라본다. 감정이 이끄는 투자는 늘 뒤를 보지만, 평정심으로 움직이는 투자는 지금 이 순간에 집중한다. 마음이 급할수록 판단은 흐려지고, 불안이 클수록 행동은 커진다. 하지만 마음이 차분할 때, 비로소 진짜 판단이 시작된다.

이성은 감정을 지워버리는 것이 아니라 감정 위에 질서를 세우는 것이다. 불안을 완전히 없앨 수는 없지만, 그 불안이 어디서 오는지를 이해하면 흔들리지 않는다. 투자에서 중요한 건 완벽한 분석이 아니라 감정을 다루는 기술이다. 마음이 불안할수록 근거를 찾고, 조급할수록 멈추고, 확신이 들수록 한 번 더 점검해야 한다. 그 과정이 반복될 때 비로소 감정은 행동을 이기지 못한다.

감정은 늘 먼저 속삭인다.

"지금이야."

"이번만은 달라."

그 목소리를 따라가면 잠깐은 편하지만 오래가지 못한다. 반면 이성의 목소리는 조용하다.

"한 번 더 생각해보자."

그 조용한 목소리에 귀를 기울이는 법, 그것이 흔들리지 않는 투자의 시작이다. 감정으로 선택하고 이유를 덧붙이는 습관에서 벗어나려면, 선택의 이유를 명확히 하는 습관을 만들어야 한다. 마음이 아닌 이유로 행동할 때, 비로소 진짜 평정심이 만들어진다.

⑬
놓친 것에 매달리는 마음

누구나 한 번쯤은 이런 경험이 있다. 며칠 전까지만 해도 눈에 띄던 종목이 있었다. 그래프가 천천히 오르더니 어느새 급등했다.

"그때 샀어야 했는데."

그 한마디가 머리를 떠나지 않는다. 사람은 '놓친 것'에 유독 민감하다. 이미 지나간 기회임을 알면서도 마음은 쉽게 떠나지 않는다. 마치 문 닫힌 상점 앞에 서서, 아직 불이 켜져 있는지 유리창 너머를 들여다보는 사람처럼, 우리는 이미 지나간 가격표를 붙잡고 후회한다. 하지만 이 마음의 뿌리를 들여다보면 단순히 돈을 놓친 게 아니라, '나만 뒤처졌다'는 감정이 작동하고 있음을 알게 된다. 인간은 본능적으로 비교 속에서 불안을 느낀다. 그리고 그 불안은 시장에서 가장 강력한 감정적 함정이 된다.

투자를 시작하면 누구나 수익과 손실의 숫자보다 더 깊은 감정의 바다를 경험하게 된다. 특히 '놓친 기회'는 후회의 모양으로 마음속에 남는다. 어제까지만 해도 보이던 가격이 오늘은 두 배가 되어버린다. 그 순간 머릿속은 스스로를 비난하기 시작한다.

"왜 그땐 결단하지 못했을까."

"조금만 용기 냈다면."

그러나 이런 생각은 스스로를 성장시키지 않는다. 오히려 감정의 늪으로 끌어들인다. 놓친 것에 매달릴수록 우리는 현재의 판단력을 잃어버린다. 과거의 그래프를 되돌리려는 마음은 결국 현실의 흐름을 놓치게 만든다. 시장은 언제나 앞으로 흐르지만, 사람의 마음은 과거에 머무르려 한다.

'놓침의 심리'는 단순히 아쉬움이 아니라, '기회에 대한 환상'에서 비롯된다. 놓친 종목은 언제나 더 빛나 보인다. 인간의 뇌는 실제보다 과거를 미화하는 경향이 있다. 당시의 불안, 확신의 부족, 리스크 요인을 잊어버리고, 결과만 기억한다. 그래서 '그때 샀으면 얼마나 좋았을까'하는 생각이 생긴다. 하지만 그 '그때'에는 아무도 미래를 확신할 수 없었다. 그 사실을 인정하지 않으면, 사람은 반복해서 같은 실수를 한다. 놓친 종목이 눈앞에 아른거리면, 우리는 비슷한 패턴의 다른 종목을 쫓게 된다. 이번엔 놓치지 않겠다는 다짐이 오히려 또 다른 충동 매수를 부른다. 그리고 결과는 비슷하다. 다시 놓치고, 다시 후회한다.

이 패턴에서 벗어나려면 먼저 '놓침은 불가피하다'는 사실을 받아들여야 한다. 시장에는 무수히 많은 기회가 존재하지만, 그 모든 파도를 다 탈 수는 없다. 인간의 시간, 자본, 에너지는 제한되어 있다.

한 번에 하나의 판단만 할 수 있다. 그래서 '놓침'은 실패가 아니라 선택의 부산물이다. 놓쳤다고 해서 잘못된 게 아니다. 오히려 모든 것을 놓치지 않으려는 욕심이 진짜 위험하다. 그 욕심이 조급함을 만들고, 조급함이 냉정을 무너뜨린다. 결국 놓침을 두려워하지 않는 마음이야말로 장기적으로 더 큰 기회를 붙잡게 만든다.

놓침의 순간에 필요한 것은 '거리두기'다. 눈앞의 그래프에서 한 걸음 물러나면 비로소 전체 흐름이 보인다. 시장은 오늘의 한 종목으로 결정되지 않는다. 수많은 오르내림이 모여 큰 그림을 만든다. 마음이 흔들릴 때는 차라리 시장을 잠시 떠나 보는 것도 좋다. 강한 감정이 올라올 때는 판단이 왜곡되기 쉽다. 그런 순간엔 차트를 끄고, 지난 기록을 다시 읽어보는 게 도움이 된다. 그때의 판단에는 분명 나름의 이유가 있었을 것이다. 당시의 자신이 왜 망설였는지를 복기하면, 단순히 '그때 살 걸'이 아니라 '그때 왜 불안했을까'를 이해하게 된다. 그 깨달음이 다음 결정을 훨씬 단단하게 만든다.

또 하나 중요한 건 비교의 함정이다. 남의 수익률, 커뮤니티의 자랑, 주변 사람의 성공담은 우리의 감정을 자극한다. 하지만 그들의 배경, 시점, 리스크 감내 정도는 다 다르다. 겉으로 드러난 결과만 보고 비교하면, 스스로의 기준을 잃는다. 비교는 감정을 흔들고, 흔들린 감정은 판단을 왜곡한다. 초보 투자자가 해야 할 일은 남의 시선을 끊고, 자신의 속도에 집중하는 것이다. 세상은 빠르게 움직이는 것 같지만, 실제 수익은 '기다림'에서 나온다. 놓친 종목보다 더 나은 기회는 언제나 다시 찾아온다. 단지 조급함이 그 기회를 보지 못하게

할 뿐이다.

놓침을 다루는 또 하나의 방법은 기록이다. 사람은 감정을 기억하기 어렵다. 그날의 감정, 판단의 이유, 당시의 뉴스 상황을 구체적으로 적어두면 후회가 줄어든다. 기록을 통해 우리는 감정을 객관화할 수 있다. 나중에 다시 보면, '그때 불안했구나', '확신이 없었구나' 하고 스스로를 이해하게 된다. 이렇게 감정을 언어로 옮기면, 감정이 우리를 지배하지 못한다. 투자 일기는 단순한 숫자 기록이 아니라 감정의 지도다. 그 지도를 통해 우리는 자신이 자주 빠지는 함정을 발견한다.

"나는 이런 상황에서 늘 불안해했구나."

그걸 인식하는 순간부터, 같은 실수는 줄어든다.

놓친 기회를 떠올릴 때마다 스스로를 탓하기보다 '그때의 나'를 이해하는 연습이 필요하다. 그때의 나는 최선을 다했다. 가진 정보와 경험 안에서 가장 합리적인 판단을 내렸을 뿐이다. 인간은 완벽하지 않다. 중요한 건 과거의 선택을 부정하는 게 아니라, 그 선택을 발판으로 다음 단계를 밟는 것이다. 시장은 끊임없이 새로운 길을 연다. 놓친 문 하나에 머무르면, 다른 문들이 닫히는 줄도 모른다. 하지만 시선을 돌리면, 늘 또 다른 문이 열리고 있다. 그 문을 볼 수 있는 사람은 후회 대신 배움을 택한 사람이다.

'놓친 것에 매달리는 마음'은 인간적인 감정이다. 하지만 그것이 다음 행동을 결정하게 두면, 투자는 감정의 게임으로 변한다. 시장에서 오래 살아남는 사람은 감정을 없앤 사람이 아니라, 감정을 이해하고 다스릴 줄 아는 사람이다. 놓침은 끝이 아니라 과정의 일부다. 오늘 놓친 기회는 내일의 교훈이 되고, 그 교훈이 결국 더 큰 수익으로 돌아온다. 놓친 것을 후회하기보다, 놓침을 통해 자신을 이해하는 것, 그것이 진짜 성장의 시작이다.

이렇게 생각해보자. 바다는 끝없이 파도가 친다. 한 파도를 놓쳤다고 바다가 사라지는 건 아니다. 중요한 건 다음 파도가 왔을 때 균형을 잃지 않는 것이다. 놓침을 인정하는 마음은 투자자의 중심을 단단하게 세운다. 흔들리지 않는 사람은 늘 무언가를 놓치지만, 동시에 더 큰 것을 얻는다. 그것은 돈이 아니라 평정심이라는 진짜 자산이다.

14
손해보다 두려운 건 인정이다

투자를 하다 보면 누구나 손실을 경험한다. 그런데 이상하게도, 숫자 자체보다 더 견디기 힘든 건 '내가 틀렸다'는 사실을 인정하는 순간이다. 돈을 잃은 아픔보다 자존심이 다치는 고통이 더 깊게 남는다. 처음에는 단순한 손해였는데, 시간이 지나면서 마음속에서는 그것이 '실패의 증거'처럼 커진다. 그래서 사람은 손해를 인정하지 않으려 애쓴다. 그래프가 계속 내려가는데도 '조금만 더 버티면 오르겠지'라고 되뇌며 스스로를 위로한다. 하지만 그 위로는 판단을 흐리게 하고, 결국 더 큰 손실로 이어진다. 투자의 세계에서 가장 무서운 적은 시장이 아니라, 사실을 외면하는 자신이다.

 손실을 인정하지 못하는 이유는 단순하다. 인간의 뇌는 '불편한 진실'을 회피하려는 경향이 있다. 우리는 자신이 합리적인 존재라고 믿고 싶어 한다. 그래서 한 번 내린 결정을 쉽게 바꾸지 못한다. '내가 틀릴 리 없어'라는 자기 확신은 심리적 방어벽이 된다. 그런데 그 방어벽이 두꺼워질수록 현실을 보는 눈은 가려진다. 주가가 떨어져도, 손해가 커져도, 사람은 자신이 내린 판단을 정당화할 근거를 찾는다. 인터넷에서 긍정적인 기사만 골라보고, 전문가의 낙관적인 말에 귀를 기울인다. 그것이 '인지 부조화'다. 마음속 불편함을 덜기 위해 현실을 왜곡하는 심리다.

이 심리는 일상에서도 자주 나타난다. 예를 들어, 잘못된 선택을 했다는 걸 알면서도 '그래도 그때는 어쩔 수 없었잖아'라며 스스로를 합리화하는 경우다. 투자에서도 마찬가지다. 손실이 눈앞에 있어도, '곧 반등할 거야'라는 희망을 붙잡는다. 하지만 그 희망은 현실이 아니라 두려움의 반대편에 있다. '인정'은 용기이고, '회피'는 시간 낭비다. 시장은 우리의 감정을 고려하지 않는다. 감정이 길어질수록 손실은 커진다. 결국 늦게 인정할수록, 인정의 대가는 더 비싸진다.

많은 초보 투자자들이 이렇게 말한다.

"지금 팔면 손해니까 좀 더 기다릴래요."

그런데 그 말에는 '지금 손실을 인정하기 싫다'는 마음이 숨어 있다. 하지만 생각해보면, 이미 손실은 발생했다. 인정하든 말든, 계좌의 숫자는 변하지 않는다. 문제는 현실을 외면하면서 손실을 확정시키는 타이밍을 놓친다는 것이다. 시장은 냉정하다. 감정적으로 버티면, 시장은 그 틈을 파고든다. 그래서 진짜 투자자는 자신보다 시장이 옳을 때가 많다는 사실을 받아들인다. '내가 틀렸을 수도 있다'는 태도는 겸손이 아니라 생존의 기술이다.

손실을 인정한다는 건 단순히 주식을 파는 행위가 아니다. 자신의 판단을 되돌아보는 용기다. '왜 그때 그런 결정을 했는가', '무엇을 근거로 확신했는가', '그 판단은 지금 다시 해도 같은가'를 묻는 일이다. 이런 성찰이 없으면, 손실은 교훈이 되지 못하고 단순한 상처로 남는다. 사람은 고통을 잊고 싶어 하지만, 잊는 순간 다시 같은 실수를 반복한다. 인정은 불편하지만, 그 불편함 속에서만 성장의 씨앗이 싹튼다.

많은 사람들은 손실을 보면 자존심이 흔들린다.

"나는 왜 이렇게 운이 없을까."

"다른 사람들은 다 수익인데 왜 나만 이럴까."

그러나 시장에서 자존심은 아무 소용이 없다. 오히려 자존심이 강할수록 손실은 커진다. 왜냐하면 자존심은 판단의 유연함을 빼앗기 때문이다. 투자는 이기려고 하는 싸움이 아니라, 살아남으려는 싸움이다. 살아남으려면 때로는 물러나야 한다. 물러나는 것이 패배가 아니라, 다음 기회를 위한 준비다. 인정은 후퇴가 아니라 재정비다.

한 번 생각해보자. 시장에서 '이긴 사람들'은 어떤 사람들일까? 그들은 완벽한 예측을 한 사람들이 아니다. 오히려 끊임없이 틀리고, 그 틀림을 빠르게 인정한 사람들이다. 그들은 손실을 두려워하지 않는다. 손실을 피하려는 사람보다, 손실을 인정하고 배운 사람이 훨씬 오래간다. 왜냐하면 인정은 감정을 진정시키고, 감정이 가라앉아야만 다음 판단이 가능하기 때문이다. 감정이 남아 있는 상태에서의 판단은 언제나 늦고, 왜곡된다. 그래서 인정은 단순한 선택이 아니라, 이성을 되찾는 과정이다.

손실을 인정하지 못하는 또 다른 이유는 '기대의 무게'때문이다. 많은 초보자들이 투자를 시작할 때 머릿속에 그린 그림이 있다. '이 정도는 벌겠지', '내가 이건 확실히 알아'하는 기대 말이다. 하지만 그 기대가 현실과 어긋날 때, 마음은 흔들린다. 기대를 내려놓는 건 쉽지 않다. 기대는 자신이 세운 '미래의 나'와 연결되어 있기 때문이다. 그걸 인정하는 순간, 스스로가 무너지는 느낌이 든다. 그래서 더 버티고 싶어진다. 그러나 진짜 강한 사람은 기대를 내려놓을 줄 아는 사람이다. 미래를 다시 그릴 수 있는 사람, 그 사람이 시장에서 끝까지 살아남는다.

'인정'은 손실을 줄이는 가장 빠른 방법이기도 하다. 손실이 작을 때 잘라내면, 마음의 상처도 작다. 하지만 인정이 늦어질수록 상처는 깊어진다. 그래서 경험 많은 투자자들은 이렇게 말한다.

"손실은 초기에 인정할수록 싸게 산다."

초보자는 손실을 피하려 하고, 숙련자는 손실을 관리한다. 손실을 관리한다는 건 감정을 관리한다는 뜻이다. 감정이 이성을 덮기 전에 스스로를 멈추는 힘, 그것이 투자자의 차이를 만든다.

이 과정을 연습하는 방법은 의외로 단순하다. 하루의 투자 결정을 스스로에게 설명해보는 것이다. '내가 왜 이 종목을 샀는가?', '왜 아직도 들고 있는가?'를 매일 써보면 감정이 드러난다. 이유가 '근거'라면 괜찮지만, 이유가 '기대'나 '희망'이라면 이미 감정이 개입된 것이다. 글로 쓰면 마음의 소리가 보인다. 스스로를 객관화하는 가장 좋은 방법은 말이 아니라 기록이다. 그렇게 감정을 밖으로 꺼내야 비로소 냉정함이 돌아온다.

    결국 손실보다 두려운 건 '내가 틀렸다'는 사실을 인정하는 일이다. 하지만 인정은 패배가 아니다. 인정은 새로운 출발점이다. 인정이 빠를수록 회복도 빠르다. 시장은 언제나 다음 기회를 준다. 단, 과거에 묶여 있는 사람에게는 그 기회가 보이지 않는다. 마음속에서 인정의 문을 열면, 다음 문이 열린다. 그 문 너머에는 후회가 아니라 배움이, 두려움이 아니라 평정이 기다린다.

    투자는 결국 자신과의 싸움이다. 수익을 내는 것보다, 감정을 다스리는 게 더 어렵다. 그러나 그 감정의 순간마다 우리는 조금씩 단단해진다. 손실을 인정한 사람은 두려움을 이긴 사람이다. 두려움을 이긴 사람은 다시 일어설 수 있다. 시장은 늘 흔들리지만, 인정할 줄 아는 사람의 마음은 흔들리지 않는다. 인정은 포기가 아니라 성장의 다른 이름이다. 결국 진짜 승자는 이익을 많이 낸 사람이 아니라, 자신의 틀림을 가장 빨리 인정한 사람이다.

15

잃음을 채우려다 더 잃는 인간의 반복

투자를 하다 보면 누구나 손실을 경험한다. 문제는 그 손실 자체보다, 그 뒤에 이어지는 '되찾으려는 마음'이다. 인간은 본능적으로 잃은 것을 되찾으려 한다. 길을 걷다 떨어뜨린 동전을 찾듯, 투자에서도 손실을 복구하지 않으면 마음이 불편하다. 그래서 사람들은 '이번엔 꼭 만회해야지'라는 생각으로 다시 시장에 들어간다. 하지만 그때의 마음은 이미 냉정하지 않다. 손실을 메우려는 감정이 이성을 밀어내고, 판단은 복수심에 가까워진다. 그렇게 시작된 투자는 대부분 또 다른 손실로 끝난다. 손실을 만회하려는 충동이 새로운 손실을 만든다. 이것이 인간이 시장에서 반복하는 가장 흔한 패턴이다.

이 현상은 심리학에서 '손실 회피'라고 불린다. 사람은 같은 금액의 이익보다 같은 금액의 손실에 두 배 이상 민감하게 반응한다. 10만 원을 잃었을 때의 고통은 10만 원을 벌었을 때의 기쁨보다 훨씬 크게 느껴진다. 그래서 손실을 견디지 못하고, 본능적으로 '빨리 복구하고 싶다'는 욕망이 생긴다. 그러나 투자에서는 이 욕망이 가장 위험한 감정이다. 손실을 만회하겠다는 생각은 결국 조급함으로 바뀌고, 조급함은 냉정을 무너뜨린다. 냉정이 무너지면 판단은 감정이 대신하게 된다. 감정은 데이터를 무시하고, 결과는 또다시 손실로 돌아온다.

예를 들어보자. 어떤 투자자가 주식에서 20% 손실을 봤다. 마음이 불안하고 억울하다. 그때 다른 종목이 급등했다는 소식을 들으면, 그 사람의 마음은 바로 반응한다.

"이번에 이걸로 만회할 수 있겠다."

그렇게 급하게 다시 매수한다. 그런데 시장은 늘 사람의 마음과 반대로 움직인다. 막 오른 종목은 조정을 맞고, 새로 산 종목마저 하락한다. 그제야 깨닫는다.

"또 잃었네."

하지만 이미 늦었다. 두 번의 손실은 단순한 숫자가 아니라, 심리적인 상처가 된다. 그때부터는 냉정하게 판단하기가 더 어려워진다. 마치 빠른 속도로 돌고 있는 회전문에 계속 뛰어들듯, 멈출 줄 모르는 악순환이 시작된다.

이런 반복의 본질은 '통제감의 상실'이다. 사람은 상황을 통제하고 있다고 느껴야 안심한다. 손실이 발생하면, 그 통제감이 무너진다. 그래서 '내가 다시 잡을 수 있다'는 착각으로 복구하려 든다. 하지만 시장은 우리의 감정을 전혀 고려하지 않는다. 시장은 이성적으로 움직이지 않고, 오히려 감정적인 인간을 시험한다. 감정이 흔들리는 순간, 시장은 차갑게 움직인다. 그래서 투자에서 가장 중요한 건 시장을 통제하려는 게 아니라 자신을 통제하는 일이다.

 손실을 만회하려는 욕망이 커질수록, 선택은 점점 더 위험해진다. 평소에는 하지 않던 무리한 매수, 근거 없는 단기 거래, 높은 레버리지 등이 등장한다. 이런 행동은 마치 깊은 물속에서 허우적대는 사람과 같다. 물속에서 살아남으려면 가만히 떠 있어야 하는데, 본능은 더 발버둥 치게 만든다. 그리고 그 발버둥이 오히려 더 빨리 가라앉게 한다. 손실을 메우려는 조급함도 같다. 잠시 멈추면 다시 숨을 고를 수 있는데, 계속 움직이면 결국 더 깊은 수렁에 빠진다.

 이때 필요한 건 '심리적 거리두기'다. 손실이 났을 때 바로 다음 거래를 하지 말고, 하루나 이틀 정도 거리를 두는 것이다. 감정이 가라앉을 시간을 주는 것만으로도 사고의 방향이 달라진다. 감정이 강할 때 내리는 결정은 대부분 '현재의 불편함을 피하려는 선택'이다. 그것이 합리적인 판단으로 바뀌려면 불편함을 견디는 시간이 필요하다. 그 시간을 두는 것만으로도 손실의 연쇄를 끊을 수 있다.

 또 하나의 방법은 기록과 복기다. 자신이 손실을 본 날, 어떤 감정이 들었는지를 구체적으로 적어보는 것이다. '오늘은 화가 났다', '억울했다', '복구하고 싶었다.' 이렇게 감정을 언어로 옮기면 감정의 힘이 약해진다. 그리고 시간이 지난 뒤 다시 보면, 그때의 자신이 얼마나 조급했는지 객관적으로 보인다. 기록은 자신에게 보내는 거울이다. 그 거울을 통해 감정의 패턴을 알게 되면, 다음번엔 같은 상황에서 멈출 수 있다.

 사람은 잃음을 견디지 못한다. 하지만 잃음은 피할 수 없는 과정이다. 오히려 잃음을 받아들일 줄 아는 사람이 다음 기회를 잡는다. 시장에서 오래 살아남은 사람들은 하나같이 말한다.

"잃었을 땐 움직이지 말라."

그들은 손실을 복구하려 하지 않는다. 대신 시간을 두고 분석한다. 왜 잃었는지, 무엇이 부족했는지를 냉정히 본다. 그러면 잃음이 단순한 고통이 아니라, 배움이 된다. 하지만 대부분의 초보 투자자들은 그 단계를 건너뛴다. 배움보다 감정을 앞세워 '빨리 되찾기'를 시도한다. 그래서 다시 잃는다.

잃음을 메우려는 충동은 '승부욕'과 '자존심'의 결합체이기도 하다. '내가 틀릴 리 없어', '이대로 끝낼 수는 없어'하는 마음이 복구 시도를 부른다. 하지만 시장은 인간의 자존심을 인정하지 않는다. 시장은 언제나 옳고, 개인은 언제나 제한된 시야를 가진다. 이 단순한 진실을 받아들이지 못하면, 투자는 끝없는 싸움이 된다. 싸움의 상대가 시장이 아니라 자신이라는 걸 깨닫는 순간, 비로소 진정한 투자가 시작된다.

이 반복을 끊으려면, '복구' 대신 '회복'을 목표로 해야 한다. 복구는 숫자를 되찾는 것이고, 회복은 마음을 되찾는 것이다. 잃은 돈은 시간이 지나면 다시 벌 수 있다. 하지만 흔들린 마음은 회복하지 않으면 다음 기회조차 제대로 보지 못한다. 마음이 흔들릴 때는 시장이 아니라 자신을 들여다봐야 한다. '나는 지금 무엇이 두려운가?', '왜 이렇게 조급한가?'라는 질문을 던지면, 마음의 방향이 조금씩 바뀐다. 잃음을 견디는 힘은 이 질문에서 나온다.

투자란 손실을 피하는 게임이 아니라, 손실을 다루는 게임이다. 잃음을 인정하고 멈출 줄 아는 사람이 진짜 실력을 가진 사람이다. 손실을 두려워하지 않고, 감정을 이해하며, 냉정을 유지하는 것. 그것이 시장이 가르치는 가장 큰 교훈이다. 인간은 감정의 동물이고, 시장은 그 감정을 시험하는 무대다. 감정에 지면 시장에서도 진다. 하지만 감정을 다스리면, 손실조차도 성장의 도구가 된다.

이제 생각해보자. 손실을 되찾겠다는 마음이 올라올 때, 그건 잘못이 아니다. 아주 자연스러운 인간의 감정이다. 하지만 그 감정을 행동으로 옮기느냐, 아니면 이해하고 다스리느냐가 차이를 만든다. 감정은 없어지지 않는다. 다만 훈련을 통해 다스릴 수 있다. 손실을 만회하려는 충동이 올라올 때마다, 한 걸음 물러서서 이렇게 스스로에게 말해보자.

"지금은 회복의 시간이다."

그 한 문장이 마음의 중심을 잡아준다.

시장은 언제나 새로운 기회를 준다. 하지만 조급한 사람은 그 기회를 보지 못한다. 잃음을 메우려는 사람은 과거를 보고 있고, 배움을 얻은 사람은 미래를 본다. 잃음을 채우려다 더 잃는 반복을 멈추는 순간, 진짜 투자의 시작이 열린다. 시장은 언제나 그 자리에 있다. 문제는 우리의 마음이 얼마나 흔들리지 않고 서 있을 수 있는가에 달려 있다. 잃음은 두려운 것이 아니라, 배움을 위한 통과의례다. 그 과정을 받아들이는 사람만이 결국 더 큰 이익이 아니라, 더 깊은 평정심을 얻는다.

16
후회는 기억보다 감정의 잔상이다

투자를 하다 보면 누구나 한 번쯤은 후회를 경험한다. '그때 팔지 말걸', '그때 샀어야 했는데'같은 말은 시장에 남은 사람들의 공통된 탄식이다. 하지만 후회는 단순히 잘못된 선택의 결과가 아니다. 그것은 감정이 남긴 잔상이다. 시간이 지나 기억은 흐려지지만, 감정은 오래 남는다. 그래서 후회는 기억의 문제가 아니라, 감정의 문제다. 머리로는 '지나간 일'이라고 알면서도 마음은 여전히 그때의 감정을 반복 재생한다. 인간의 뇌는 '아픔'을 생생하게 복구하는 능력을 가지고 있다. 그래서 후회는 과거가 아니라 현재의 감정으로 계속 살아 움직인다.

처음 투자할 때 사람들은 대부분 '수익'을 꿈꾼다. 하지만 시간이 지날수록 진짜 힘든 건 손실보다 후회라는 감정의 무게다. 후회는 우리를 계속 과거로 끌어당긴다. 이미 지나간 선택을 붙잡고 '그때 왜 그랬을까'를 곱씹는다. 그러나 그때의 선택은 그 당시의 정보와 상황 속에서 최선이었을 가능성이 높다. 지금의 시점에서 보면 부족해 보이지만, 당시의 나는 지금의 경험을 몰랐다. 후회의 본질은 잘못된 판단이 아니라, '지금의 내가 과거의 나를 평가하는 부조화'다. 그래서 후회는 언제나 늦게 찾아오고, 오래 머무른다.

이 감정은 특히 시장에서 더 강하게 작용한다. 숫자와 그래프가 실시간으로 움직이는 세계에서, 사람은 자신이 내린 선택의 결과를 즉시 확인한다. 어제 판 종목이 오늘 급등하면, 그 순간의 후회는 단순한 생각이 아니라 몸으로 느껴지는 감정의 충격이 된다. 심장이 두근거리고, 머릿속에서 '만약 그때 안 팔았다면'이라는 계산이 반복된다. 하지만 그 계산은 아무 의미가 없다. 이미 지나간 수치이고, 다시 되돌릴 수 없는 일이다. 그럼에도 불구하고 인간의 마음은 그 상황을 되풀이해 자신을 괴롭힌다. 이것이 바로 후회의 감정적 잔상이다.

후회를 줄이려면 먼저 그 감정의 구조를 이해해야 한다. 후회는 두 가지 요소로 이루어진다. 첫째는 '결과의 차이', 둘째는 '책임의 감정'이다. 결과의 차이는 '그때 A를 했더라면 지금보다 나았을 것'이라는 가정에서 생긴다. 하지만 이건 어디까지나 가정일 뿐이다. 우리는 실제로 그 선택을 하지 않았기 때문에, 그 결과가 진짜로 좋았을지는 모른다. 그러나 인간은 이 가정을 현실처럼 받아들인다. 그리고 두 번째, '책임감'이 그 가정을 자기 비난으로 바꾼다.

"내가 잘못했어."

이렇게 되면 후회는 단순한 분석이 아니라 감정적 자책으로 변한다. 후회를 반복할수록 자신감은 줄고, 두려움은 커진다.

이 감정은 다음 투자에도 영향을 미친다. 후회를 많이 한 사람일수록 새로운 기회 앞에서 결정 장애를 겪는다. '또 틀리면 어쩌지?', '이번에도 후회하면 어떡하지?' 이런 생각이 판단을 늦추고, 때로는 좋은 기회를 놓치게 한다. 결국 후회는 단순한 과거의 감정이 아니라 현재의 행동을 제약하는 사슬이 된다. 초보 투자자가 성장하지 못하는 이유는 지식 부족이 아니라, 후회로 인한 감정의 마비일 때가 많다.

그렇다면 어떻게 해야 할까? 첫 번째 단계는 후회를 인식하는 것이다. 대부분의 사람들은 후회를 느끼면서도 그것을 부정한다. '괜찮아, 별일 아니야'라고 스스로를 달래지만, 감정은 억눌릴수록 더 강해진다. 오히려 '지금 나는 후회하고 있다'고 인정하는 것이 감정을 다스리는 시작이다. 그 한마디가 마음을 진정시킨다. 감정을 억누르지 않고, 있는 그대로 인정하면 마음이 조금씩 객관성을 되찾는다.

두 번째는 기록의 힘을 빌리는 것이다. 그날의 선택, 감정, 이유를 구체적으로 적어보면 후회의 흐름이 보인다. '그날 나는 왜 팔았는가?', '그때 무엇이 불안했는가?'를 적어보면, 단순히 손실의 문제를 넘어서 감정의 패턴이 드러난다. 나중에 보면 깨닫게 된다.

"그때의 나는 이익보다 불안이 더 컸구나."

그걸 알게 되면 다음엔 비슷한 상황에서 더 명확한 판단을 내릴 수 있다. 기록은 후회의 감정을 분석 가능한 데이터로 바꾼다. 감정이 언어가 되면, 그것은 더 이상 우리를 지배하지 못한다.

세 번째는 비교의 프레임을 바꾸는 일이다. 후회는 항상 비교에서 나온다. '다른 사람은 벌었는데', '그 종목은 올랐는데' 이런 비교가 감정을 증폭시킨다. 하지만 비교의 기준을 바꾸면 후회는 줄어든다.

어제의 나보다 오늘의 내가 더 배웠다면 그것으로 충분하다. 투자는 '남보다 잘하는 경기'가 아니라 '어제보다 나은 나를 만드는 과정'이다. 후회를 줄이는 유일한 비교는 남이 아니라 나 자신이다.

네 번째는 기회를 다시 바라보는 시선이다. 후회는 종종 '끝났다'는 감정에서 비롯된다.

"이미 늦었어."

그러나 시장은 언제나 열린 공간이다. 오늘 놓친 기회는 내일 다른 모습으로 다시 나타난다. 중요한 건 '그때의 감정'이 아니라 '지금의 태도'다. 후회를 오래 붙잡을수록 시야가 좁아지고, 새로운 기회를 볼 수 없다. 반대로 후회를 내려놓을수록 마음은 유연해지고, 시야는 넓어진다.

다섯 번째는 감정의 여운을 흘려보내는 연습이다. 후회는 사라지지 않는다. 다만 옅어진다. 완전히 없애려 하면 오히려 더 강해진다. 그래서 흘려보내는 연습이 필요하다. 잠깐 시장에서 벗어나 산책을 하거나, 커피 한 잔을 마시며 생각을 멈추는 것도 좋다. 감정이 잔잔해질 시간을 주면, 후회는 자연스럽게 멀어진다. 감정은 싸워서 이기는 게 아니라, 흘려보내며 다스리는 것이다.

투자에서 후회는 피할 수 없다. 하지만 그것을 어떻게 다루느냐가 결과를 바꾼다. 후회를 분석의 도구로 삼는 사람은 성장하고, 후회를 자책의 도구로 쓰는 사람은 멈춘다. 시장은 끊임없이 기회를 준다. 그러나 후회에 묶인 마음은 그 기회를 보지 못한다. 후회를 줄이려면 결과보다 과정에 집중해야 한다. '내가 올바른 과정을 밟았는가?'에 답할 수 있다면, 결과가 나쁘더라도 후회는 줄어든다. 과정이 정확했다면 그것은 실패가 아니라 학습이다.

이제 한 걸음 물러서서 생각해보자. 우리는 왜 그렇게 후회를 두려워할까? 사실 후회의 근원에는 '완벽함에 대한 환상'이 있다. 인간은 완벽한 선택을 하고 싶어 한다. 하지만 시장에는 완벽한 선택이 존재하지 않는다. 언제나 불확실하고, 언제나 예상 밖의 일이 일어난다. 완벽을 포기하는 순간, 후회도 줄어든다. 완벽하려 하지 않고, 충분히 노력한 자신을 받아들이는 마음이 필요하다. 그 마음이 후회의 감정을 이성으로 바꿔준다.

후회는 '감정의 그림자'다. 그것을 지우려 하면 더 짙어진다. 하지만 이해하고 받아들이면 옅어진다. 후회를 피하려 하지 말고, 그 감정을 관찰하라. 그 속에는 '나의 욕심', '나의 불안', '나의 두려움'이 들어 있다. 그것을 마주보면 다음엔 같은 후회를 반복하지 않는다.

시장은 늘 흔들리고, 감정은 늘 따라온다. 그러나 후회를 통해 우리는 자신을 이해하게 된다. 후회는 실패의 증거가 아니라, 성찰의 기회다. 후회는 기억보다 오래 남지만, 그 잔상은 우리가 성장하고 있다는 신호이기도 하다. 후회가 남았다는 건 여전히 더 나아지고 싶다는 뜻이다. 그렇다면 후회는 나쁜 것이 아니다. 그것은 마음의 나침반이다. 다만 그 방향을 과거가 아닌 미래로 돌릴 때, 비로소 후회는 사라지고 평정이 찾아온다.

후회는 결국 우리에게 이렇게 속삭인다.

"다시 해봐. 이번엔 조금 더 현명하게."

기록은 감정을 객관화하는 첫걸음이다

투자를 하다 보면 숫자보다 감정이 더 크게 움직인다. 그래프의 색 하나, 뉴스의 한 문장, 친구의 한마디가 마음을 뒤흔든다. 그러다 보면 이성적인 판단이 감정의 파도에 휩쓸린다. 투자에서 흔들리지 않으려면 무엇보다 자신의 감정을 알아차려야 한다. 그런데 인간은 스스로의 감정을 잘 모른다. 감정은 순간적으로 나타나고, 판단을 덮어버린다. 그래서 감정을 객관화하는 연습이 필요하다. 그 첫걸음이 바로 기록이다. 기록은 단순히 숫자를 적는 일이 아니다. 마음의 움직임을 밖으로 꺼내서 눈으로 확인하게 만드는 과정이다. 기록이 쌓일수록 우리는 자신을 더 정확히 이해하게 된다.

많은 초보 투자자들이 수익률이나 종목명만 적어둔다.

〈얼마에 사고, 얼마에 팔았다.〉

하지만 그것만으로는 부족하다. 중요한 건 '그때 내가 어떤 마음으로 그 결정을 내렸는가'다. 기록의 목적은 숫자가 아니라 감정이다.

투자 일기를 쓴다는 건, 돈의 흐름이 아니라 마음의 흐름을 추적하는 것이다. 예를 들어 '오늘 시장이 하락해서 불안했다', '뉴스를 보고 손이 먼저 움직였다', '주변 사람이 수익을 냈다는 말을 듣고 흔들렸다'같은 짧은 문장만 써도 충분하다. 그렇게 감정을 언어로 옮기면, 그 감정이 우리를 지배하지 못한다.

기록은 거울과 같다. 매일 거울을 보듯, 감정의 기록을 통해 우리는 '오늘의 나'를 마주한다. 사람은 생각보다 쉽게 자기 자신을 속인다. 손실이 나면 '이건 일시적인 조정이야'라고 합리화하고, 수익이 나면 '내가 역시 잘 판단했어'라고 과신한다. 그러나 기록은 이런 자기기만을 깨뜨린다. 날짜와 시간, 감정이 구체적으로 남아 있으면, 그 순간의 판단이 얼마나 감정적이었는지를 나중에 객관적으로 볼 수 있다. 기록은 감정의 흔적을 사실의 형태로 남기는 장치다.

한 투자자가 있었다. 그는 매일 거래 후 간단히 일기를 썼다.

〈오늘 아침엔 자신감이 있었지만, 오후엔 불안했다. 뉴스 하나에 마음이 바뀌었다.〉

처음엔 이런 짧은 메모가 무의미해 보였지만, 3개월쯤 지나자 놀라운 패턴이 드러났다. 그는 늘 같은 상황에서 같은 실수를 반복하고 있었다. 주가가 빠르게 오를 때마다 조급하게 들어가고, 떨어질 때마다 두려워했다. 그 패턴을 눈으로 확인한 순간, 그는 처음으로 자신의 투자 성향을 이해했다. 그 후부터 그는 급등장에서도 감정을 조절할 수 있게 되었다. 기록은 자기 인식의 도구다. 자신을 모르는 상태에서는 감정을 통제할 수 없다.

기록의 효과는 단지 감정 관리에 그치지 않는다. 그것은 의사결정의 품질을 높인다. 감정이 정리되면 판단이 명확해지고, 판단이 명확해지면 행동이 일관된다. 감정이 개입되지 않은 기록은 냉정한 데이터로 남는다. 이런 데이터는 나중에 자신의 전략을 점검할 때 큰 도움이 된다. 예를 들어, 6개월 전의 투자 일지를 보면 '내가 불안할 때 산 종목은 대부분 손실로 끝났구나', '확신이 있을 때 산 종목은 결과가 괜찮았구나'같은 패턴이 보인다. 감정의 기록은 결국 의사결정의 통계 자료로 변한다.

많은 사람들이 시장 분석에는 열심이지만, 자기 분석은 게을리한다. 그러나 진짜 고수들은 차트보다 자기 감정을 더 깊이 분석한다. 그들은 기록을 통해 자신이 어떤 상황에서 흔들리는지를 안다. 그걸 알고 나면 시장의 변동이 두렵지 않다. 왜냐하면 시장은 예측할 수 없지만, 자신의 감정은 관리할 수 있기 때문이다. 감정을 통제하는 사람만이 시장의 파도를 타고 오래간다.

기록을 시작할 때 중요한 건 '완벽하게 쓰지 않아도 된다'는 점이다. 처음부터 자세한 투자 일기를 쓰려고 하면 부담이 된다. 단 한 줄이라도 좋다.

〈오늘은 불안해서 손이 먼저 움직였다.〉

〈수익을 내고 기분이 들떠 있었다.〉

이렇게 짧게라도 매일 쓰면, 그 안에 자신의 심리 패턴이 드러난다. 꾸준함이 핵심이다. 기록의 양보다 기록의 지속성이 중요하다. 하루 이틀로는 감정의 흐름이 보이지 않지만, 한 달, 두 달이 지나면 놀라울 정도로 반복되는 감정의 리듬이 나타난다.

기록은 또한 후회를 줄이는 힘이 있다. 사람은 시간이 지나면 감정을 잊고, 기억만 남긴다. 그런데 그 기억은 대부분 왜곡된다. '그때는 어쩔 수 없었어'라며 자신을 위로하거나, '그때 잘했었는데'라며 미화한다. 하지만 기록은 그날의 생생한 감정을 그대로 보존한다. 나중에 보면 '그때 나는 불안했고, 확신이 없었다'는 사실을 확인할 수 있다. 그걸 보면 후회 대신 이해가 생긴다.

"그때의 나는 최선을 다했구나."

이런 인식이 쌓이면 감정은 점점 안정된다.

또한 기록은 학습의 도구다. 투자에서 진짜 실력은 공부가 아니라 복기에서 나온다. 같은 실수를 반복하지 않기 위해선, 왜 그 실수가 나왔는지 알아야 한다. 그 이유를 찾는 유일한 방법이 기록이다. 기록을 읽으며 자신에게 질문해보자.

"그날 나는 왜 그 결정을 내렸을까?"

"그 판단은 감정이었을까, 근거였을까?"

이런 질문을 반복할수록 판단의 기준이 명확해진다. 결국 기록은 경험을 지식으로 바꾸는 과정이다. 경험은 흘러가지만, 기록은 남는다.

기록의 습관은 단지 투자에만 도움이 되는 것이 아니다. 그것은 삶 전반에도 영향을 준다. 감정을 기록하는 습관이 생기면, 어떤 상황에서도 자신을 객관적으로 바라보는 힘이 생긴다. 화가 났을 때, 불안할 때, 흥분했을 때 그 감정을 적어보면, 감정이 진정되고, 판단이 맑아진다. 투자든 인간관계든 결국 모든 문제의 근원은 감정이다. 감정을 정리할 수 있는 사람은 삶의 여러 영역에서도 흔들리지 않는다.

기록은 감정의 무게를 가볍게 한다. 머릿속에 있는 생각은 모호하지만, 글로 옮기면 구체화된다. 막연한 불안이 언어로 바뀌는 순간, 그 불안은 절반으로 줄어든다. 마음속 혼란을 글로 옮기면 그 혼란이 눈앞의 글자로 정리된다. 그래서 기록은 단순히 투자 기술이 아니라 마음 관리의 기술이다. 감정을 외면하면 감정이 우리를 지배하지만, 감정을 기록하면 우리가 감정을 지배할 수 있다.

기록을 꾸준히 하는 사람에게는 한 가지 공통점이 있다. 시간이 지날수록 자기 신뢰감이 커진다는 것이다. 매일 자신을 돌아본 흔적이 쌓이면, 어떤 상황에서도 중심을 잃지 않는다. 시장이 흔들려도, 주변의 말에 휘둘리지 않아도 된다. 왜냐하면 이미 스스로를 이해하고 있기 때문이다. 기록은 자신에게 주는 '내면의 나침반'이다. 감정이 요동칠 때, 그 나침반이 방향을 알려준다.

투자는 감정의 싸움이고, 기록은 그 감정을 이성의 영역으로 옮기는 행위다. 감정은 눈에 보이지 않지만, 기록은 눈에 보인다. 보이는 것을 다룰 수 있는 사람은 보이지 않는 것을 두려워하지 않는다. 기록은 감정을 객관화하는 첫걸음이며, 그것은 곧 자신을 이해하는 첫걸음이다. 감정을 모르면 시장에 휘둘리고, 감정을 이해하면 시장 속에서도 흔들리지 않는다.

투자는 숫자의 싸움 같지만, 결국 마음의 싸움이다. 마음을 관리하는 가장 현실적인 방법은 기록이다. 숫자를 잃을 때마다 마음을 기록하라. 그 기록이 쌓이면, 언젠가 깨닫게 된다. 시장이 아니라 감정이 나를 흔들었음을. 그리고 그때부터 투자는 변하기 시작한다. 기록은 감정을 다스리는 기술이자, 평정심을 회복하는 길이다. 기록하는 순간, 감정은 나를 떠나 글이 되고, 그 글이 다시 나를 성장시킨다.

흔들리지 않는 투자자의 출발점은 차트가 아니라 펜 끝에서 시작된다.

속도를 늦추면 비로소 보이는 것들

투자를 하다 보면 누구나 속도를 내고 싶어진다. 빨리 결과를 보고 싶고, 남들보다 앞서가고 싶고, 하루라도 더 일찍 수익을 내고 싶다. 그래서 우리는 늘 마음이 조급하다. 그런데 시장은 조급한 사람에게 늘 시험을 낸다. 주가가 오르면 더 오를 것 같고, 떨어지면 곧 회복할 것 같아 손이 먼저 움직인다. 그렇게 정신없이 매수와 매도를 반복하다 보면 어느 순간 깨닫게 된다. '나는 시장을 본 게 아니라, 내 마음의 속도에 휘말렸구나.' 투자에서 진짜 중요한 건 얼마나 빨리 판단하느냐가 아니라, 얼마나 천천히 볼 수 있느냐이다. 속도를 늦추는 순간, 비로소 보이지 않던 것이 보인다.

현대의 투자 환경은 늘 속도를 강요한다. 스마트폰 화면 속 실시간 시세, 초 단위로 갱신되는 뉴스, '지금 사지 않으면 늦는다'는 광고가 하루에도 수십 번씩 눈앞을 스친다. 이 모든 자극이 마음의 속도를 높인다. 사람들은 점점 생각보다 빠르게 반응하고, 행동은 점점 더 감정적으로 바뀐다. 하지만 시장은 인간보다 느리다. 기업의 가치, 산업의 변화, 세상의 흐름은 하루아침에 변하지 않는다. 속도를 늦춘다는 건 단순히 행동을 멈추는 게 아니라, 사고의 리듬을 시장의 시간에 맞추는 것이다.

조급함은 투자의 가장 큰 적이다. 조급한 마음은 판단력을 왜곡시키고, 판단의 왜곡은 행동의 실수를 낳는다. 예를 들어 어떤 종목이 급등했을 때, 조급한 사람은 '지금 안 들어가면 늦는다'는 생각으로 서둘러 매수한다. 그러나 그 순간 이미 상승의 대부분은 끝나 있다. 반대로 시장이 급락할 때 조급한 사람은 '이제 다 끝났어'라며 공포 속에 팔아버린다. 그렇게 매번 빠르게 움직일수록 손실은 커지고, 마음은 지쳐간다. 속도를 늦춘다는 건 단순히 '느긋하라'는 말이 아니다. 그것은 시장의 리듬과 자신의 리듬을 맞추는 훈련이다.

한 투자자가 있었다. 그는 처음엔 빠르게 거래를 반복하며 수익을 추구했다. 그러나 시간이 지날수록 수익보다 피로가 쌓였다. 어느 날 그는 모든 거래를 멈추고, 한 주 동안 시장을 관찰하기만 했다. 거래 버튼을 누르지 않고, 단지 주가의 흐름과 뉴스의 변화를 조용히 지켜봤다. 그때 그는 처음으로 시장의 움직임이 아니라, 자신의 감정의 움직임을 보게 되었다. 주가가 오를 때는 설렜고, 떨어질 때는 불안했다. 그 단순한 감정의 파동이 얼마나 빠르게 행동으로 이어지는지 깨달았다. 그 후 그는 거래의 속도를 줄였다. 하루에 한 번, 아니면 일주일에 한 번만 결정했다. 그리고 놀랍게도 수익은 이전보다 안정적으로 바뀌었다. 시장을 따라가던 사람이, 비로소 시장을 바라보는 사람이 된 것이다.

  속도를 늦추면 보이는 것 중 하나는 자신의 감정의 패턴이다. 평소에는 주가의 움직임에 정신이 팔려 감정이 어떻게 변하는지 모른다. 하지만 속도를 늦추면, '지금 불안하구나', '지금 욕심이 올라오고 있구나'하고 감정이 보인다. 감정을 인식하는 순간, 감정은 우리를 지배하지 못한다. 반대로 속도를 높이면 감정은 통제 불가능한 폭풍이 된다. 결국 투자에서 속도를 늦춘다는 건 감정을 제어하는 가장 현실적인 방법이다.

  또한 속도를 늦추면 시장 전체의 흐름이 보인다. 빠르게 움직이면 눈앞의 그래프만 보이고, 그 안의 작은 파동에 휘둘린다. 하지만 한 걸음 물러서면 큰 흐름이 보인다. 단기 변동이 아니라 장기 방향이 보이고, 작은 소음이 아니라 진짜 신호가 들린다. 초보 투자자가 자주 하는 실수 중 하나는 '지금'에 집중하는 것이다. 그러나 시장의 가치는 '시간' 속에 숨어 있다. 하루의 변동보다 중요한 건 몇 달, 몇 년에 걸친 변화다. 속도를 늦추면 그 변화의 맥이 잡힌다.

  속도를 늦춘다는 건 결정의 시간을 늘리는 일이기도 하다. 사람은 조급할수록 판단이 단순해지고, 복잡한 요소를 놓치기 쉽다. 반면 충분한 시간을 두면 생각이 정리되고, 근거가 명확해진다. 예를 들어 어떤 종목을 살까 고민할 때, 바로 결정하지 말고 하루만 기다려보자. 그 하루 동안 감정은 식고, 이성은 돌아온다. 다음날 보면 어제 그렇게 매력적으로 보였던 종목이 별것 아니게 느껴질 때가 많다. 반대로 하루가 지나도 여전히 매력적으로 느껴진다면, 그건 진짜 기회일 가능성이 높다. 속도를 늦추면 감정의 소음을 거르고 본질적인 판단을 내릴 수 있다.

속도를 늦추면 또 하나 보이는 것이 있다. 바로 자신의 한계다. 우리는 종종 자신이 모든 걸 통제할 수 있다고 착각한다. 하지만 시장은 예측할 수 없는 변수로 가득하다. 속도를 늦출 때 비로소 '나는 모르는 게 많구나', '나는 완벽하지 않구나'하는 사실을 받아들일 수 있다. 그 인정이 겸손을 낳고, 겸손이 냉정을 만든다. 빠른 사람보다 오래가는 사람은 언제나 겸손한 사람이다. 그들은 서두르지 않는다. 서두름 속에는 욕심이 있고, 욕심은 결국 실수로 이어진다는 걸 알기 때문이다.

속도를 늦춘다는 건 때로는 멈춤의 용기를 의미한다. 시장이 불안할 때 대부분의 사람들은 무언가를 해야 마음이 놓인다. 가만히 있으면 뒤처지는 것 같고, 아무것도 하지 않으면 불안하다. 하지만 그 불안을 견디는 사람이 결국 시장을 이긴다. 아무 행동도 하지 않는 시간, 즉 '멈춤의 시간'이 진짜 투자자의 시간이다. 그 시간 동안 우리는 정보를 모으고, 생각을 정리하고, 마음을 회복한다. 움직이지 않음으로써 오히려 더 많은 걸 본다.

한 심리학자는 이런 말을 했다.

"사람은 달릴 때보다 걸을 때 세상을 더 많이 본다."

투자도 같다. 달릴 때는 이익만 보이지만, 걸을 때는 자신과 시장이 함께 보인다. 천천히 걸으면 길의 형태가 보이고, 주변의 흐름이 느껴진다. 속도를 늦추면 단기적인 손익보다 장기적인 방향이 선명해진다. 투자란 결국 '지속의 예술'이다. 빠르게 달리는 사람보다 꾸준히 걷는 사람이 멀리 간다.

초보 투자자들에게 가장 어려운 것은 '기다림'이다. 하지만 기다림은 수동이 아니라 능동적인 행위다. 기다림의 시간은 생각의 시간이며, 준비의 시간이다. 시장의 변화를 지켜보면서도, 내 마음의 변화를 관찰하는 시간이다. 그 시간을 통해 우리는 감정의 파도를 이겨낼 힘을 얻는다. 속도를 늦춘다는 건 결국 기다림을 배우는 것이다.

시장은 빠른 사람보다 깊이 보는 사람에게 미소 짓는다. 속도를 늦추면 보이지 않던 흐름이 보이고, 놓치던 신호가 들린다. 조급한 사람은 소음 속에서 길을 잃지만, 천천히 보는 사람은 침묵 속에서 길을 찾는다. 시장은 언제나 움직이지만, 우리의 마음은 그 움직임보다 더 빨리 흔들린다. 그래서 마음의 속도를 낮춰야 한다.

투자는 시간과 싸움이 아니라, 속도의 조절이다. 빠른 판단이 항상 옳은 것은 아니다. 오히려 느린 판단이 더 정확할 때가 많다. 속도를 늦춘다는 건 멈추는 게 아니라, 자신을 되돌아보는 일이다. 시장을 따라가기보다, 나 자신을 이해하는 여유를 갖는 일이다. 그렇게 마음의 속도를 낮추면, 비로소 시장의 진짜 얼굴이 보인다.

속도를 늦추면 보이는 것들은 단순한 그래프의 변화가 아니다. 그것은 우리의 마음, 우리의 습관, 우리의 판단이다. 시장은 늘 우리를 시험한다.

"지금 당장 움직일래, 아니면 한 번 더 생각할래?"

그 질문 앞에서 한 박자 늦게 움직이는 사람, 바로 그 사람이 흔들리지 않는 투자자다.

속도를 늦춘다는 건 결국 이렇게 말하는 것이다.

"나는 이익보다 평정심을 택하겠다."

그 선택이 진짜 수익보다 오래 남는다.

잃음이 주는 배움의 시간

투자를 하다 보면 언젠가 반드시 '잃는 순간'을 맞이한다. 처음에는 그 사실을 받아들이기 어렵다. 잃는다는 건 단지 돈의 손실이 아니라, 자신이 틀렸다는 인정처럼 느껴지기 때문이다. 그러나 시간이 지나면 깨닫게 된다. 잃음은 실패가 아니라 배움의 과정이며, 진짜 성장의 시작이라는 것을. 시장에서 오래 살아남는 사람은 잃지 않은 사람이 아니라, 잃음을 통해 배우는 사람이다. 잃음의 순간은 고통스럽지만, 그 아픔 속에서 투자자는 냉정함과 현실 감각을 배우게 된다.

처음 투자에 뛰어드는 사람은 대부분 '수익'을 목표로 삼지만, 시간이 지나면 '생존'을 먼저 말한다. 시장은 누구에게나 손실을 경험하게 만들고, 그것이 성장의 관문이 되기 때문이다. 잃음은 교과서로 배울 수 없는 실전의 교훈이다. 종목이 떨어질 때 느껴지는 불안, 예상이 빗나갔을 때의 당황, 그리고 계좌를 열어볼 때의 무력감은 겪어본 사람만 안다. 그러나 바로 그 감정이 다음 선택을 단단하게 만들고, 다음 판단을 성숙하게 만든다. 잃음의 경험이 쌓일수록 사람은 감정이 아닌 원칙으로 행동하게 된다.

　잃음이 주는 가장 큰 가르침은 겸손이다. 수익이 날 때는 자신이 옳다고 믿지만, 손실은 자신이 놓쳤던 것을 돌아보게 만든다. 시장은 언제나 예측할 수 없는 변수를 품고 있으며, 아무리 완벽한 분석도 현실을 완전히 설명할 수 없다. 그래서 잃음은 '나는 완벽하지 않다'는 사실을 인정하게 한다. 그 인식이야말로 성장의 출발점이다. 교만은 시장에서 가장 위험한 감정이고, 겸손은 가장 강력한 무기다. 겸손을 배운 사람은 시장을 이기려 하지 않고, 그 흐름을 이해하려 한다. 이 태도의 변화가 잃음이 남긴 진짜 배움이다.

　잃음은 또한 감정의 거울이다. 손실의 순간은 감정이 가장 크게 요동칠 때이며, 그때 비로소 자신이 어떤 사람인지 알게 된다. 어떤 사람은 불안에 휩싸여 서둘러 매도하고, 어떤 사람은 더 큰 위험을 감수하며 복구를 시도한다. 잃음은 단순한 돈의 문제가 아니라 마음의 구조를 드러낸다. 그 경험을 통해 사람은 자신을 이해하게 된다. 나는 불안에 약한가, 욕심이 큰가, 기다림을 견디는가. 잃음은 그 답을 알려준다. 결국 투자의 핵심은 시장이 아니라 나 자신을 이해하는 일이며, 잃음은 그것을 가르치는 가장 솔직한 스승이다.

　손실을 본 후 대부분의 사람은 급하게 다음 기회를 찾으려 한다. 잃은 돈을 빨리 되찾고 싶다는 충동이 앞서기 때문이다. 그러나 그 순간은 감정이 아직 식지 않은 상태다. 감정이 남아 있는 한, 이성적인 판단은 불가능하다. 그래서 잃음 이후에는 반드시 '정지의 시간'이 필요하다. 잠시 멈추고 자신에게 묻는 것이다.

"무엇이 잘못됐을까?"

"왜 그때 그런 판단을 했을까?"

"다음엔 어떻게 달라져야 할까?"

이 질문들이 쌓이면서 사람은 배운다. 멈춤의 시간은 단순한 휴식이 아니라, 감정을 가라앉히고 기준을 되찾는 과정이다. 급할수록 쉬어야 한다는 역설이 바로 여기에 있다.

잃음은 욕심의 본질을 드러내기도 한다. 손실을 경험하면 억울함이 앞서지만, 시간이 지나면 깨닫는다. 그 뒤에는 언제나 '더 벌고 싶다'는 욕심이 있었다는 것을. 무리한 선택은 대부분 욕심에서 시작되고, 통제되지 않은 욕심은 판단을 흐린다. 잃음을 통해 사람은 욕심이 어디에서 시작되고 어디서 멈춰야 하는지를 배운다. 욕심은 나쁜 것이 아니다. 다만 그것을 다스리지 못하면 불안과 조급함이 쌓이고, 결국 더 큰 손실을 부른다. 욕심을 인식하고 조절할 줄 아는 사람만이 감정에 휘둘리지 않고 중심을 잡을 수 있다.

잃음이 주는 또 하나의 배움은 선택의 중요성이다. 시장은 수많은 정보와 가능성을 던져주지만, 결국 투자자는 하나의 결정을 내려야 한다. 잃음을 통해 사람은 모든 선택에는 대가가 있음을 배운다. 수익을 얻기 위해 위험을 감수해야 하고, 위험을 피하려면 기회를 포기해야 한다. '모든 것을 가질 수는 없다'는 단순한 진리를 몸으로 배우는 것이다. 그 깨달음이 쌓이면 선택은 신중해지고, 기준은 단단해진다.

잃음 이후 진정한 회복은 자신을 탓하지 않는 태도에서 시작된다. 손실을 경험한 사람 중에는 '나는 재능이 없다'며 시장을 떠나는 이도 있다. 하지만 시장은 완벽한 사람의 무대가 아니라, 회복할 줄 아는 사람의 무대다. 누구나 잃지만, 다르게 일어선다. 어떤 사람은 좌절하고, 어떤 사람은 배운다. 회복력은 단순히 다시 투자하는 용기가 아니라, 자신을 믿는 힘이다.

"이번엔 배웠으니 다음엔 다르게 할 수 있다."

이 마음이 잃음의 시간을 성장의 시간으로 바꾼다.

잃음은 투자자의 성장을 위한 가장 값진 수업료다. 초보자에게 잃음은 실패로 느껴지지만, 숙련된 사람에게 잃음은 훈련이다. 손실은 나를 시험하지만 동시에 가르친다. 그 시간 속에서 우리는 시장의 불확실성을 배우고, 감정의 한계를 배우며, 기다림의 미덕을 배운다. 시장에서 오래 살아남는 사람들은 말한다.

"수익은 교만을 낳고, 손실은 지혜를 낳는다."

잃음이 무섭지 않은 이유는 그 안에 배움이 있기 때문이다. 잃었던 시간이 결국 나를 단단하게 만든다는 걸 깨닫는 순간, 손실은 더 이상 아픔이 아니라 감사의 기억이 된다. 잃음은 끝이 아니라 시작이며, 그 시간을 견딘 사람만이 진짜 투자자가 된다.

세상보다 나를 먼저 다스리기로 한 약속

투자를 하다 보면 우리는 종종 세상을 이기려 한다. 시장을 예측하고, 흐름을 앞서고, 다른 사람보다 빨리 움직이려 한다. 하지만 시간이 지날수록 깨닫게 된다. 투자는 세상과의 싸움이 아니라 나 자신과의 싸움이라는 것을. 시장은 누구에게도 맞춰주지 않는다. 뉴스, 금리, 기업 실적, 전쟁, 정치, 심지어 트렌드까지도 우리의 의지와 상관없이 움직인다. 그 혼란스러운 흐름 속에서 결국 우리가 다스릴 수 있는 건 단 하나 나 자신의 마음뿐이다. 세상보다 나를 먼저 다스리기로 하는 순간, 투자자는 흔들림에서 벗어나 진짜 평정에 다가간다.

처음 투자에 발을 들일 때 우리는 늘 '세상을 읽는 법'을 배우려 한다. 경제 지표를 분석하고, 차트를 공부하고, 전문가의 말을 듣는다. 그러나 아무리 세상의 흐름을 읽어도 마음이 흔들리면 아무 소용이 없다. 공포가 밀려오면 분석은 사라지고, 탐욕이 솟구치면 계획은 무너진다. 시장은 끊임없이 우리를 자극한다. 오르락내리락하는 그래프 하나가 희망과 불안을 동시에 만든다. 그래서 진짜 중요한 건 세상의 움직임이 아니라 내 마음의 움직임이다. 시장의 방향은 예측할 수 없지만, 마음의 방향은 훈련할 수 있다. 그 훈련이 바로 '자기 다스림'이다.

자신을 다스린다는 건 감정을 억누른다는 뜻이 아니다. 감정을 이해하고 받아들이는 것이다. 예를 들어 손실이 났을 때 '괜찮아, 아무렇지 않아'라며 억지로 외면하면 그 감정은 더 깊이 쌓인다. 하지만 '지금 나는 불안하다', '지금 마음이 흔들린다'고 인정하면 감정은 서서히 약해진다. 감정을 인정하는 순간, 그 감정은 나를 지배하지 못한다. 자기 다스림의 첫걸음은 감정을 부정하지 않는 데 있다. 우리는 인간이기에 불안하고, 욕심이 나고, 때로는 두렵다. 그 사실을 받아들이는 것이 이성의 시작이다.

세상보다 나를 다스린다는 건 결국 속도의 조절이다. 세상은 빠르게 변하고, 사람들은 그 속도를 쫓느라 지친다. 하지만 시장의 속도에 내 마음을 맞추려 할수록 더 흔들린다. 마음이 조급하면 판단이 흐려지고, 판단이 흐려지면 행동이 불안해진다. 그래서 먼저 해야 할 일은 속도를 늦추는 것이다. 천천히 보고, 느리게 판단하고, 한 걸음 뒤에서 바라보는 훈련을 하자. 속도를 늦추면 감정의 소음이 잦아들고, 그제야 진짜 신호가 들린다. 마음의 속도가 세상의 속도를 앞지르지 않도록, 늘 한 박자 늦게 생각하는 습관이 필요하다.

또한 자기 다스림은 비교를 내려놓는 것에서 시작된다. 우리는 늘 누군가와 비교하며 살아간다.

"저 사람은 수익이 났다는데, 나는 왜 이럴까."

이런 생각이 불안을 키우고 조급함을 만든다. 하지만 투자에는 정답이 없다. 각자의 시점, 자본, 목표가 다르다. 남의 수익은 나의 기준이 될 수 없다. 비교를 멈추는 순간, 마음은 비로소 자신에게 집중한다. 내 속도, 내 기준, 내 목표를 다시 세우는 일. 그것이 자신을 다스리는 가장 현실적인 방법이다.

자기 다스림의 또 다른 축은 기록과 성찰이다. 매일의 감정과 판단을 적어보면, 내 마음이 어떻게 움직였는지 보인다. 기록을 통해 우리는 '세상의 흐름'을 배우는 게 아니라, '나의 패턴'을 배운다. 언제 흔들렸고, 왜 흔들렸는지, 어떤 상황에서 냉정을 잃었는지를 기록하면 마음의 지도 한 장이 생긴다. 이 지도는 앞으로의 투자에서 가장 확실한 나침반이 된다. 세상은 예측할 수 없지만, 나 자신은 이해할 수 있다. 그 이해가 커질수록 불안은 줄어든다.

자신을 다스린다는 건 또한 포기할 줄 아는 용기이기도 하다. 우리는 무언가를 놓치는 걸 두려워한다. '놓치면 안 된다'는 생각이 끊임없이 행동을 재촉한다. 하지만 때로는 포기가 최고의 선택이 된다. 손실을 인정하고, 불확실할 땐 한 발 물러서는 것. 그것이 진짜 강함이다. 시장은 끊임없이 유혹한다. 그러나 그 유혹을 이길 수 있는 사람은 욕심을 다스릴 줄 아는 사람이다. 포기는 약함이 아니라 선택의 의지다. 나를 다스릴 줄 아는 사람만이 진짜 자유를 얻는다.

세상보다 나를 먼저 다스린다는 건 결국 마음의 평형을 유지하는 일이다. 시장이 오르면 들뜨지 않고, 내리면 낙담하지 않는 것. 상승과 하락, 불안과 기대, 욕심과 두려움 사이에서 균형을 잡는 것이다. 완벽하게 흔들리지 않는 사람은 없다. 하지만 중심을 잃은 채 무너지는 대신, 한 번 흔들리더라도 다시 중심으로 돌아올 수 있는 사람이 된다면 그게 진짜 안정이다. 마음의 평형을 찾는 사람은 세상의 변화에 휘둘리지 않는다.

이 자기 다스림의 훈련은 투자뿐 아니라 삶 전체에도 이어진다. 투자에서 감정을 다스리는 법을 배우면, 일상에서도 감정에 휩쓸리지 않게 된다. 화가 날 때 숨을 고르고, 불안할 때 멈춰 서서 자신을 바라보는 힘이 생긴다. 결국 투자는 단순히 돈을 버는 기술이 아니라 자신을 다루는 기술이다. 감정의 파도를 이해하고, 속도를 조절하며, 욕심을 다스리는 과정은 인생의 다른 순간에서도 그대로 적용된다.

한 노련한 투자자는 이런 말을 했다.

"시장은 늘 나보다 똑똑하다. 하지만 나는 나 자신을 가장 잘 안다."

이 말의 뜻은 명확하다. 시장은 예측할 수 없지만, 자신은 훈련할 수 있다. 세상보다 자신을 먼저 다스릴 줄 아는 사람은 시장의 변화 속에서도 흔들리지 않는다. 왜냐하면 그들의 기준은 외부가 아니라 내부에 있기 때문이다. 시장이 오르든 내리든, 그들은 자신이 세운 원칙 안에서 움직인다. 그 원칙은 욕심이 아니라 평정에서 비롯된다.

초보 투자자들에게 이 말은 다소 추상적으로 들릴 수 있다. 그러나 결국 시장을 오래 경험한 사람일수록 이 진리를 인정한다.

"돈보다 마음이 먼저다."

마음이 불안하면 손이 먼저 움직이고, 손이 움직이면 실수가 늘어난다. 반대로 마음이 안정되면 행동은 단단해진다. 결국 수익은 마음의 결과다. 자신을 다스릴 줄 아는 사람은 시장의 변화보다 한 발 앞서서 자신을 준비시킨다. 그 준비가 쌓일수록 투자뿐 아니라 삶의 모든 선택이 단단해진다.

세상을 바꾸는 건 어렵다. 그러나 나를 다스리는 건 훈련으로 가능하다. 세상의 흐름을 예측하려 애쓰기보다, 나의 감정과 욕심을 관찰하고 조절하자. 세상보다 나를 먼저 다스리기로 한 그 약속 하나가 투자 인생 전체를 바꾼다. 그것은 수익을 높이는 기술이 아니라, 평정심을 지키는 철학이다.

시장은 언제나 흔들릴 것이다. 오르기도 하고, 내리기도 한다. 하지만 그때마다 이렇게 다짐하자.

"세상을 바꾸려 하지 말고, 내 마음부터 단단히 세우자."

이 한 문장이 투자자의 중심을 지켜준다.

세상을 이기려는 사람은 잠시 성공할 수 있다. 하지만 자신을 다스린 사람은 오래 살아남는다.

세상보다 나를 먼저 다스리기로 한 그 약속. 그것이야말로 흔들리지 않는 투자자가 되는 마지막 단계이자, 가장 인간적인 성장의 시작이다.

흔들리지 않는 투자 루틴

01
투자 전 반드시 점검해야 할 세 가지 질문

투자를 시작하기 전, 대부분의 사람은 '어디에 투자할까'를 먼저 고민한다. 그러나 진짜 중요한 질문은 '무엇을 살까'가 아니라 '왜 이걸 하려는가'다. 이유가 불분명하면 감정이 판단을 대신하고, 감정이 앞서면 행동은 흔들린다. 투자는 단순히 돈을 불리는 행위가 아니라 자신을 이해하는 과정이다. 주식이든 부동산이든, 자기계발이든 모든 투자는 결국 마음의 선택이다. 그래서 투자를 시작하기 전 자신에게 던져야 할 세 가지 질문이 있다. 그것은 '왜, 무엇을, 그리고 감당할 수 있는가'다. 이 질문은 돈보다 깊은 자기 점검이며, 흔들리지 않는 루틴의 출발점이다.

첫 번째 질문 : 나는 왜 이 투자를 하려 하는가?

사람들은 돈을 벌고 싶거나, 남들보다 뒤처지기 싫거나, 불안을 피하기 위해 투자한다. 하지만 불안을 달래기 위한 투자는 가장 위험하다. 한 직장인은 주변 사람들이 투자로 수익을 내자 조급해져 계획 없이 주식을 샀다. 수익이 나면 들뜨고, 조금 떨어지면 불안했다. 그는 나중에 깨달았다.

"나는 돈을 벌기보다 불안을 달래고 있었어요."

감정에서 출발한 투자는 결국 감정에 흔들린다. 반면 '장기적인 자산을 만들고 싶다', '경험을 쌓고 싶다'처럼 스스로 납득할 수 있는 이유를 세운 사람은 쉽게 무너지지 않는다. 이유가 명확할수록 감정의 파도는 잔잔해진다.

두 번째 질문 : 나는 무엇을 알고, 무엇을 모르는가?

많은 사람은 투자를 시작할 때 정보부터 모으려 한다. 그러나 중요한 것은 정보의 양이 아니라 '모르는 것을 인정하는 태도'다. 한 창업가는 유행하는 산업에 아무런 준비 없이 뛰어들었다가 세금과 규제 문제로 큰 타격을 입었다. 그는 말했다.

"그땐 몰랐다는 게 얼마나 위험한 건지 몰랐어요."

투자는 지식의 싸움이 아니라 인식의 싸움이다. 내가 어디까지 알고 있고, 어디서부터 모르는지를 명확히 아는 순간 사람은 신중해진다. 모르는 것을 인정하면 조심스러워지고, 감정보다 판단이 앞선다. 결국 자신이 아는 것의 경계를 그리는 것이 진짜 리스크 관리다.

세 번째 질문 : 실패해도 나는 감당할 수 있는가?

이 질문은 가장 현실적이지만 많은 사람이 외면한다. 사람들은 수익을 상상하지만, 실패 후의 자신은 상상하지 않는다. 한 청년은 첫 연봉을 모두 코인에 투자했다가 급락으로 절반을 잃었다. 그는 말했다.

"돈보다 마음을 잃은 게 더 힘들었어요."

감당할 수 없는 투자는 수익이 아니라 불안을 낳는다. 진짜 투자자는 손실의 한계를 미리 정해둔다. 잃을 수 있는 금액, 회복 가능한 시간, 감정의 내구도까지 계산한다. 감정이 통제되지 않으면 투자는 자신을 소모시킨다. 감당 가능한 범위 안에서 움직이면 조급함이 줄고 판단은 맑아진다.

투자 전 점검은 돈보다 마음의 준비다

모든 투자에는 공통점이 있다. 감정이 개입되는 순간 결과가 달라진다는 것이다. 투자를 시작하기 전 '왜 하는가'를 묻는 사람은 방향을 잡고, '무엇을 아는가'를 묻는 사람은 위험을 줄이며, '감당할 수 있는가'를 묻는 사람은 속도를 조절한다. 이 세 가지 질문은 흔들리지 않는 루틴의 축이다. 마음의 준비가 되어 있다면 외부의 변동은 흔들리지 않는다. 시장이 불안정해도 자신만의 기준이 있으면 감정의 폭풍은 작아진다. 마음이 준비된 사람은 언제나 대응할 여유를 갖는다.

루틴이 평정을 만든다

한 투자자는 말했다.

"나는 매일 같은 시간에 세 가지 질문을 스스로에게 던집니다. 그게 내 마음의 점검표예요."

그는 시장이 오르든 내리든 이 습관을 유지했다. 덕분에 감정의 굴곡이 줄고 판단이 선명해졌다. 루틴은 감정을 없애는 게 아니라, 감정이 판단을 바꾸지 못하게 막는 장치다. 반복되는 점검 속에서 사람은 자신을 더 잘 이해하게 되고, 그 안에서 평정이 자란다. 투자는 결국 자신을 다루는 일이다. 세상의 변화를 예측할 수는 없지만, 마음의 방향만큼은 언제든 조정할 수 있다. 흔들리지 않는 투자는 결국 자기 안에서부터 시작된다.

02
일관된 기준이 감정을 진정시킨다

투자를 오래 하다 보면 가장 많이 듣는 말이 있다.

"감정을 다스려라."

하지만 감정은 결심으로 제어되지 않는다. '오늘은 흔들리지 말자'고 다짐해도 시장이 변하거나 예기치 못한 일이 생기면 마음은 곧바로 반응한다. 두려움이 올라오고, 손끝이 움직이며, 판단은 순식간에 감정에 휩쓸린다. 결국 감정은 없앨 수 있는 대상이 아니라 관리해야 하는 대상이다. 그리고 그 유일한 방법은 감정을 대신할 '기준'을 세우는 것이다. 기준이 명확하면 감정은 판단에 개입할 여지가 없다. 진짜 흔들림은 마음이 약해서가 아니라, 판단의 기준이 일관되지 않기 때문에 생긴다.

감정이 흔들리는 이유는 기준이 없기 때문이다

사람들은 불확실한 상황에 처하면 즉시 불안해진다. 시장이 요동치거나 계획이 어긋나면 감정은 본능적으로 반응한다. 그때 기준이 없는 사람은 늘 같은 패턴을 반복한다. 불안하면 멈추고, 기대하면 서두르며, 손실이 나면 복구에 집착한다. 감정이 기준이 되는 순간 판단은 흐려진다. 반면 기준이 있는 사람은 같은 상황에서도 다르게 행동한다. 이미 '이럴 때는 이렇게 움직인다'는 원칙을 정해두었기 때문이다. 기준이 있는 사람은 예측할 수 없는 상황에서도 예측 가능한 행동을 한다. 결국 감정이 흔들리지 않는 이유는 기준이 대신 그 자리를 지키고 있기 때문이다.

기준은 마음의 안전벨트다

감정의 충동은 순간적이지만, 기준은 지속적이다. 한 창업가는 매출이 오르면 확장하고 조금만 하락해도 계획을 바꾸며 늘 감정에 따라 움직였다. 그러나 결국 그는 '기분이 아니라 원칙으로 움직였어야 했어요'라고 후회했다. 이후 그는 세 가지 원칙을 세웠다. 첫째, 큰 변화는 최소 3일 숙려 후 결정한다. 둘째, 손실이 생기면 24시간 동안 어떤 행동도 하지 않는다. 셋째, 계획 수정은 매달 한 번만 한다. 그는 말했다.

"이 기준을 세운 뒤 감정은 요동쳐도 행동은 흔들리지 않았어요."

기준은 감정을 억누르는 게 아니라 안전하게 통과시키는 장치다. 파도가 거세도 배가 전복되지 않는 이유는 닻이 있기 때문이다.

기준은 명확해야 감정이 개입하지 않는다

감정은 모호함 속에서 자란다. '적당히 잘하면 돼', '기분이 괜찮으면 해보자'는 표현은 감정이 판단을 지배하게 만든다. 반면 기준이 구체적이면 감정의 여지가 사라진다. '이익률이 10% 이상일 때만 확장한다', '지출이 정해진 비율을 넘으면 즉시 중단한다' 같은 수치는 감정을 객관화한다. 모호함은 불안을 키우지만, 명확함은 마음을 진정시킨다. 감정은 순간적이고 불안정하지만, 기준은 반복 가능하고 논리적이다. 명확한 기준이야말로 불확실성을 줄이는 가장 단순하면서도 강력한 방법이다.

기준은 평정할 때 세워야 한다

감정이 요동칠 때 만든 기준은 오래가지 못한다. 불안할 때 세운 원칙은 복수심에서 나오고, 들뜬 상태에서 세운 계획은 자만에서 출발한다. 한 투자자는 큰 손실 뒤 '다신 이런 일 없게 하자'며 급히 규칙을 세웠지만, 몇 달 후 같은 실수를 반복했다. 그는 말했다.

"기준은 냉정할 때 세워야 해요. 그래야 흔들릴 때 지켜져요."

좋은 기준은 마음이 고요할 때 세운 약속이다. 평정한 상태에서 만든 원칙만이 위기 속에서 빛을 발한다. 감정이 가라앉은 상태에서 세운 기준은 흔들릴 때 가장 큰 버팀목이 된다.

감정보다 기준이 강해야 한다

감정은 바람처럼 불지만, 기준은 뿌리처럼 단단해야 한다. 세상은 변하고 감정은 요동치지만, 기준이 있다면 방향은 변하지 않는다. 기준은 단순해야 오래간다.

첫째, 왜 하는지를 분명히 할 것. 둘째, 어디까지 감당할 수 있는지를 정할 것. 셋째, 어떤 상황에서도 기준을 어기지 않을 것.

이 세 가지가 감정의 소음을 줄이고 판단의 리듬을 지킨다. 기준은 마음의 나침반이며, 평정은 그 나침반을 신뢰할 때 생긴다. 감정은 늘 불안하지만, 기준은 늘 평정하다. 결국 일관된 기준이 감정을 진정시키고, 그 기준이 쌓여 흔들리지 않는 태도를 만든다.

03
하루 10분 마음 정리 일기의 힘

사람은 생각보다 자신의 감정을 잘 모른다. 어떤 결정을 내릴 때 왜 불안했는지, 왜 서둘렀는지, 왜 기다리지 못했는지를 물으면 대부분 '그냥 그런 느낌이 들었다'고 답한다. 그러나 그 '느낌' 속에는 두려움, 조급함, 기대, 후회가 얽혀 있다. 투자의 핵심은 수익의 기술이 아니라 그 '느낌의 정체'를 이해하는 일이다. 감정을 알아차리지 못하면 판단이 흔들리고, 흔들림은 손실로 이어진다. 그래서 하루 10분의 짧은 기록이 필요하다. 그 10분이 감정의 거울이 되고, 마음의 방향을 되돌려 준다. 기록은 돈의 흐름이 아니라 마음의 흐름을 정리하는 가장 단순하면서도 강력한 도구다.

글로 쓰면 감정이 보인다

생각은 흩어지지만 글은 남는다. 말로는 변명할 수 있어도 글로 쓰면 진짜 이유가 드러난다. 한 사람은 매일 세 줄만 썼다. '오늘 느낀 감정은 무엇인가?', '그 감정이 행동에 어떤 영향을 줬는가?', '나는 그 결과에 만족하는가?' 처음엔 단순한 습관 같았지만 한 달 뒤 그는 반복되는 감정 패턴을 보았다. 불안할 때는 서두르고, 기대할 때는 지나치게 기다리는 자신이었다. 그 깨달음 이후 그는 거래를 줄이고 기록을 늘렸다. 글로 쓴 문장은 감정의 기준이 되었고, 판단의 속도를 늦추는 역할을 했다. 글을 쓴다는 것은 감정을 밖으로 꺼내는 일이며, 밖으로 꺼내면 감정은 더 이상 나를 휘두르지 못한다.

감정은 기록할 때 약해진다

감정은 막연할수록 강하고, 구체화될수록 약하다. '불안하다'는 감정도 '무엇이 나를 불안하게 하는가'를 적는 순간 형태를 갖는다. 형태가 생기면 통제할 수 있다. 예를 들어 '불안하다' 대신 '손실이 커질까 봐 불안하다. 하지만 내 계획은 여전히 유효하다'라고 쓰면 감정은 분석의 대상으로 바뀐다. 이렇게 언어로 바꾸는 과정에서 불안은 줄고 생각은 선명해진다. 감정을 기록하는 순간 감정은 나를 지배하지 못한다. 기록은 감정의 크기를 줄이고 판단을 객관화하는 가장 단순한 도구다.

기록은 반복되는 감정을 드러낸다

사람은 자신이 같은 이유로 흔들린다는 사실을 잘 모른다. 그러나 기록은 그 반복을 보여준다. 한 창업가는 사업 결정을 내릴 때마다 일지를 썼다. '결정 당시의 기분, 이유, 기대, 불안'을 구체적으로 적었다. 몇 달 후 그는 일기에서 자신이 '불안할수록 결정을 서두른다'는 패턴을 발견했다. 그때부터 그는 불안을 느낄 때마다 행동 대신 기록을 택했다. 덕분에 실수가 줄고 판단이 명료해졌다. 기록은 과거의 실수를 반복하지 않게 하는 가장 확실한 예방책이다. 사람은 쉽게 잊지만, 기록은 잊지 않는다.

하루 10분이면 충분하다

기록은 길 필요가 없다. 완벽하게 쓰려다 포기하느니, 하루 10분이라도 꾸준히 하는 게 낫다. 그날의 감정을 한 단어로 표현하고, 이유와 결과를 간단히 적으면 된다. 예를 들어 '**오늘의 감정 : 초조함. 이유 : 남의 수익을 보았기 때문. 행동 : 서둘러 결정했다. 내일의 기준 : 내 속도는 남의 속도가 아니다.**' 이렇게 짧은 문장만으로도 마음의 방향을 점검할 수 있다. 중요한 것은 분량이 아니라 '마음을 정리하는 시간' 자체다. 하루 10분은 짧지만, 감정을 통제하기엔 충분하다.

기록은 마음의 재무제표가 된다

재무제표가 회사의 건전성을 보여주듯, 일기는 마음의 재무제표다. '오늘의 자신감 +5, 불안 -3, 기대 +2'처럼 감정을 수치화하면 내면의 흐름이 시각적으로 보인다. 이 습관은 단순한 일기를 넘어 자기인식의 도구가 된다. 감정의 자산과 부채를 매일 점검하면 불안은 줄고 자신감은 쌓인다. 꾸준한 기록은 내면의 리듬을 가시화시킨다. 결국 돈보다 중요한 건 마음의 균형표다. 감정의 균형이 무너지면 어떤 투자도 흔들린다. 기록은 그 균형을 되찾게 하는 가장 현실적인 루틴이다.

 하루 10분 마음 정리 일기는 단순한 습관이 아니라 자기 성찰의 훈련이다. 감정을 쓰는 순간 우리는 감정의 주인이 된다. 시장이 흔들려도, 상황이 불안해도, 기록하는 사람은 중심을 잃지 않는다. 일기는 감정의 폭풍 속에서 마음을 붙잡는 닻이다. 어제의 감정을 기록으로 마주할 때 오늘의 자신은 조금 더 단단해진다. 결국 투자는 돈을 다루는 일이 아니라 마음을 다루는 연습이며, 자신을 기록하는 사람만이 그 연습에서 성장한다.

04
조급함을 다스리는 나만의 속도

사람마다 인생의 속도는 다르다. 어떤 사람은 빠르게 움직이며 에너지를 얻고, 어떤 사람은 천천히 가야 안정된다. 그러나 돈이 얽힌 투자 세계로 들어서는 순간, 대부분의 사람은 자신이 원래 가진 리듬을 잃는다. 이유는 간단하다. 세상이 너무 빨라 보이기 때문이다. 뉴스는 초 단위로 쏟아지고, 남들의 성공담은 부러움과 불안을 동시에 자극한다. '나만 뒤처진 건 아닐까?'라는 생각이 스멀스멀 올라오면, 그때부터 마음의 속도는 현실보다 앞서기 시작한다. 조급함은 이성보다 감정을 먼저 움직이게 만들고, 감정은 판단보다 행동을 앞서게 한다. 그래서 투자에서 가장 중요한 건 '빠름'이 아니라 '균형 잡힌 속도'다. 자신에게 맞는 속도를 회복한 사람만이 끝까지 흔들리지 않는다.

조급함의 근원은 비교다

조급함은 시간 부족이 아니라 비교에서 생긴다. 남의 속도를 보고 나의 걸음을 판단할 때 불안은 커진다. 누군가는 하루 만에 수익을 냈다고 자랑하고, 또 다른 사람은 새로운 기회에 뛰어들었다고 말한다. 하지만 남의 시계는 나의 기준이 될 수 없다. 비교가 쌓이면 계획은 흐려지고, 목표는 '성장'이 아닌 '경쟁'으로 변한다.

"나는 돈을 잃은 게 아니라 나의 속도를 잃은 거였어요."

그는 이후 모든 결정을 내릴 때 이렇게 되뇌었다.

"다른 사람의 시계가 아니라 내 시계로 살자."

그 한마디가 그를 다시 제자리로 돌려놓았다. 비교를 멈추는 순간부터 조급함은 힘을 잃는다.

속도를 잃으면 방향도 흐려진다

조급한 사람일수록 현재의 변화에만 집중한다. '지금 오르니 더 오를 것 같다', '지금 떨어지니 끝났다'는 식으로 판단한다. 그러나 투자에서 중요한 건 순간의 변화가 아니라 장기적 흐름이다. 급한 마음은 시야를 좁히고, 여유로운 속도는 시야를 넓힌다. 어느 창업가는 신제품 출시를 서두르다 초기 시장 반응을 제대로 읽지 못해 실패했다. 그는 이후 '한 달 늦더라도 한 번 더 검토하자'는 원칙을 세웠고, 그 이후에는 모든 결정이 훨씬 안정적이 되었다. 속도를 늦추면 전체가 보이고, 전체를 보게 되면 길을 잃지 않는다.

멈춤은 용기의 또 다른 이름이다

빠르게 달리는 사람일수록 '멈추면 뒤처진다'는 두려움을 갖는다.

하지만 진짜 용기는 멈출 줄 아는 데 있다. 한 투자자는 중요한 결정을 내리기 전 반드시 10분간 아무 행동도 하지 않는다. 그 시간 동안 그는 스스로에게 묻는다.

"이건 판단인가, 반응인가?"

단 10분의 멈춤이 감정의 불씨를 식히고, 생각의 온도를 되찾게 한다. 사람의 감정은 늘 앞서고, 생각은 한 발 늦는다. 그 짧은 시간은 두 속도의 차이를 맞추는 과정이다. 멈춤은 게으름이 아니라 자신을 조절하는 훈련이다.

나에게 맞는 속도는 경험으로 완성된다

모든 사람에게 이상적인 속도란 존재하지 않는다. 어떤 이는 빠른 시장의 변화를 즐기고, 어떤 이는 천천히 분석하며 움직인다. 중요한 건 '내가 편안한 리듬'을 찾는 것이다. 감정이 요동치지 않는 순간이 바로 나에게 맞는 속도다. 한 사람은 매일 시장을 확인하며 불안에 시달렸지만, 확인 주기를 하루 한 번으로 줄이자 오히려 집중력이 생겼다. 그는 이렇게 말했다.

"나는 느릴수록 평온해진다."

속도를 늦추는 건 세상과 멀어지는 게 아니라 자신에게 가까워지는 일이다.

조급함은 목표를 흐린다

조급한 마음은 처음의 목표를 잊게 만든다. 원래는 '지속적인 성장'을 바라던 마음이, 어느새 '빠른 수익'으로 바뀐다. 목표가 단기적으로 바뀌면 판단의 기준도 변하고, 결국 감정의 소용돌이에 휩쓸린다. 한 젊은 창업가는 '1년 안에 안정적인 기반을 만들자'는 목표를 세웠지만, 주변의 빠른 성공담에 흔들려 무리한 확장을 시도했다. 결과는 실패였다. 그는 나중에 말했다.

"내가 잃은 건 돈이 아니라 초심이었다."

조급함은 방향을 '지금'으로 끌어내리지만, 성장은 시간의 누적 속에서 만들어진다.

속도를 다스리는 세 가지 습관

첫째, 비교를 멈춰라. 남의 속도는 그 사람의 환경과 리듬 위에서 만들어진 결과다. 내 상황은 전혀 다르다. 타인의 시간을 의식하지 않을 때 비로소 자신의 시간을 통제할 수 있다.

둘째, 루틴을 만들어라. 매일 같은 시간에 점검하고, 같은 순서로 생각하는 습관은 감정의 파도를 잔잔하게 만든다. 일정한 루틴은 나의 속도를 일정하게 유지시키는 가장 단순한 방법이다.

셋째, 감정을 기록하라. 하루의 감정 변화를 짧게 적는 것만으로도 자신이 언제 불안해지는지를 알 수 있다. 기록은 나만의 리듬을 시각화해주는 도구이자, 감정의 방향을 잡아주는 나침반이다.

느림은 약점이 아니라 전략이다

세상은 빠른 사람을 칭찬하지만, 느림 속에는 오히려 깊이가 있다.

느리게 간다는 건 게으름이 아니라 '내 리듬을 지킨다'는 선언이다. 빠름은 경쟁을 낳고, 느림은 이해를 낳는다. 한 작가는 이렇게 말했다.

"나는 하루에 한 페이지만 써도 괜찮았다. 그 대신 열 페이지를 읽었다."

느린 리듬 속에서 그는 방향을 잃지 않았다. 속도가 늦어지면 세상의 소음은 줄고, 자신의 생각이 또렷해진다.

조급함을 이기는 사람은 자기 속도를 아는 사람이다

투자는 결국 속도의 싸움이 아니라 속도와의 싸움이다. 세상의 속도는 언제나 나보다 빠르지만, 마음의 속도는 내가 조절할 수 있다. 나만의 속도를 지키는 사람은 세상의 변동에 휘둘리지 않는다. 그 속도는 평정이 되고, 평정은 판단의 힘이 된다. 느림은 멈춤이 아니라 방향을 찾는 과정이며, 꾸준함은 결국 그 속도 위에서만 만들어진다. 나의 속도를 아는 사람은 조급함 대신 성장을 택하고, 불안 대신 여유를 배운다. 세상의 시계를 버리고 나의 시계를 찾는 순간, 비로소 흔들리지 않는 리듬이 완성된다.

반복이 불안을 이긴다

사람이 무언가에 오래 집중하려 하면 반드시 마주치는 감정이 있다. 바로 불안이다. 언제 시작해야 할지, 언제 멈춰야 할지, 지금 잘하고 있는지 알 수 없을 때 마음은 흔들린다. 이 불안은 돈의 문제가 아니라 확신의 부재에서 비롯된다. 자신이 무엇을 하고 있는지 명확할 때 안정감을 느끼지만 방향이 불분명하면 감정은 출렁인다. 그러나 불안을 줄이는 방법은 의외로 단순하다. 그것은 '반복'이다. 반복은 익숙함을 만들고, 익숙함은 두려움을 줄인다. 두려움이 사라지면 판단은 또렷해지고 마음은 차분해진다. 결국 오래 버티는 사람일수록 복잡한 전략보다 단순한 행동을 꾸준히 반복한다.

반복은 불안을 통제한다

사람이 불안한 이유는 결과를 알 수 없기 때문이다. 예측이 불가능할수록 마음은 통제력을 잃는다. 그러나 루틴이 있는 사람은 결과보다 행동을 통제한다. 한 투자자는 말했다.

"세상은 매일 변하지만 내가 하는 일은 늘 같다."

그는 매일 같은 시간에 시장을 살피고, 같은 순서로 기록을 남겼다. 처음엔 지루했지만 시간이 흐르자 평온해졌다. 반복은 통제감을 회복시킨다. 세상은 변하더라도 자신이 통제 가능한 행동을 꾸준히 반복하면 감정은 안정된다. 우리가 불안을 느끼는 건 세상이 아니라 자신을 믿지 못하기 때문이며, 반복은 그 신뢰를 되찾아 준다.

반복은 감정을 길들인다

감정은 낯선 환경에서 커지지만 익숙한 환경에선 잦아든다. 반복은 감정을 훈련시키는 과정이다. 한 여성 창업가는 사업 초기에 매일 불안에 시달렸다. 그러나 일정한 루틴을 세운 뒤 변화가 생겼다. 오전엔 목표 점검, 오후엔 업무 정리, 저녁엔 하루 회고. 단순한 반복이었지만 시간이 지나자 불안이 줄고 판단은 냉정해졌다. 그녀는 말했다.

"이제는 불안을 없애려 하지 않아요. 그저 내 루틴으로 돌아갈 뿐이에요."

감정은 의지로 제어되지 않지만 습관 속에서는 길들여진다. 익숙함은 감정의 파도를 잠재운다.

꾸준함이 자신감을 만든다

세상은 불확실하지만 나의 행동은 일정해야 한다. 그 예측 가능성이 자신감의 근원이 된다. 하루의 리듬이 바뀌면 마음도 흔들리지만 같은 행동을 반복하면 감정의 진폭이 줄어든다. 한 기업가는 불안을 느낄 때마다 루틴으로 돌아갔다. 매일 같은 시간에 일어나 커피를 마시고 노트를 정리하며 하루를 시작했다. 단순한 루틴이지만 그 안에서 그는 안정을 찾았다. 반복은 마음의 안전지대다. 일정한 리듬이 있으면 예측 불가능한 세상 속에서도 하루는 예측 가능해진다. 그 예측 가능성이 바로 평정의 원천이다.

반복은 기준을 강화한다

좋은 기준도 반복되지 않으면 희미해진다. 기준은 한 번의 결심이 아니라 매일의 연습으로 완성된다. 하루 한 번이라도 자신에게 묻는 습관이 기준을 단단하게 만든다.

"오늘의 판단은 내 원칙에 맞는가?"

"오늘의 행동은 어제의 기준과 다르지 않은가?"

이런 단순한 질문의 반복이 감정의 균형을 지킨다. 한 투자자는 매일 같은 문장을 되새겼다.

"나는 결과가 아니라 과정을 통제한다."

감정이 흔들릴 때마다 그 문장을 떠올렸고, 그것이 그의 기준을 유지시켰다. 반복되지 않는 기준은 감정에 밀려 사라지지만 반복되는 기준은 감정 위에 선다.

작은 반복이 큰 평정을 만든다

사람은 큰 목표 앞에서 쉽게 불안을 느낀다. 그러나 목표를 작게 나누면 실행이 쉬워지고, 그 작은 단위를 반복하면 마음은 단단해진다. 하루 한 줄의 기록, 하루 한 번의 점검, 하루 한 번의 자기 질문이 마음의 버팀목이 된다. 한 사람은 말했다.

"큰 성공보다 오늘의 규칙을 지키는 게 더 중요해요."

감정이 요동칠 때 결정을 미루고, 하루를 마칠 땐 반드시 회고를 남기는 것. 그 단순한 반복이 그의 하루를 안정시켰다. 반복은 자신에게 하는 약속이며, 그 약속을 지킬 때 자신에 대한 신뢰가 생긴다. 세상은 변하고 감정은 흔들리지만, 반복은 변하지 않는다. 그 반복이 결국 불안을 길들이고 자신을 지키는 울타리가 된다.

숫자보다 중요한 건 마음의 균형이다

01
욕심이 앞설 때 냉정함을 잃는다

누구나 더 나은 결과를 바라며 투자에 임한다. 더 많은 수익, 더 나은 타이밍, 더 빠른 성장을 기대하는 마음은 자연스럽다. 그러나 욕심이 목표를 향한 의지를 넘어서는 순간 판단은 흐려진다. 감정이 먼저 움직이면 이성은 그 뒤를 따라가며 이유를 만든다. '이번엔 괜찮겠지'라는 말은 냉정함이 사라진 뒤 나온다. 처음엔 조심스러웠던 사람도 성과를 맛보면 자신감이 확신으로, 확신은 과신으로 바뀐다. 마음의 균형이 깨지는 순간 사람은 시장이 아니라 자신의 욕심을 쫓기 시작한다.

욕심은 불안을 먹고 자란다
욕심의 근원은 탐욕이 아니라 불안이다. 사람들은 돈을 벌고 싶어서가 아니라 잃고 싶지 않아서 무리한다. '지금 안 하면 늦는다', '다른 사람들은 이미 하고 있다'는 생각이 들면 불안이 욕심으로 바뀐다. 한 투자자는 안정적인 수익을 내던 중 '요즘 뜨는 분야'에 전 재산을 옮겼다가 손실을 봤다. 그는 말했다.

"놓칠까 봐 불안했어요. 그게 욕심이었죠."

결국 욕심의 본질은 결핍이다. 충분하지 않다는 생각이 사람을 재촉한다. 그러나 진짜 성장하는 사람은 멈출 줄 안다. 욕심이 불안을 먹고 자라듯, 평정은 멈춤에서 자란다. 잠시 멈춰 자신을 객관적으로 보는 사람이 감정의 파도에 휩쓸리지 않는다.

감정이 행동보다 빠르다

욕심은 논리보다 빠르다. 사람은 이익의 가능성을 보면 뇌가 즉시 쾌감을 느낀다. 감정이 결정을 내리고, 이성은 그 결정을 합리화한다. '이번엔 확실히 오를 것 같아'라는 말은 사실 '놓치기 싫다'는 감정의 표현이다. 감정이 행동을 이끌면 사람은 논리적으로 판단했다고 착각하지만 이미 선택은 끝난 상태다. 냉정함은 감정이 올라올 때 행동하지 않는 힘이다. 생각의 속도를 늦추고 자신에게 묻는 것이다.

"지금 이 판단은 욕심인가, 계획인가?"

이 짧은 질문 하나가 욕심의 흐름을 끊는 가장 강력한 방법이다. 감정을 제어하는 첫걸음은 인식이며, 인식은 멈춤에서 시작된다.

욕심이 커질수록 시야는 좁아진다

사람은 자신이 옳다고 믿을 때 다른 소리를 듣지 않는다. 욕심은 귀를 닫고 눈을 가린다. 수익이 커질수록 위험 신호는 보이지 않고,

손실이 커질수록 조급함은 커진다. 한 투자자는 말했다.

"손해를 보면 마음이 말을 안 들어요. 다시 벌어야 한다는 생각뿐이었죠."

그는 잃은 돈보다 잃은 마음을 먼저 회복해야 한다는 걸 깨달았다. 욕심을 억누르려 하기보다 '지금 내 안에 있다'는 사실을 인정하는 것이 냉정함의 시작이다. 감정은 억제할수록 커지지만, 인정하면 제어 가능한 대상이 된다. 자신을 객관적으로 바라보는 태도가 평정의 첫걸음이다.

욕심은 통제의 착각을 만든다

욕심이 앞설 때 사람은 통제하고 있다는 착각에 빠진다. 시장을 예측할 수 있고 타이밍을 조절할 수 있다고 믿는다. 그러나 세상은 누구의 의지로도 조절되지 않는다. 한 번의 행운이 능력으로, 한 번의 실패가 무가치함으로 오해된다. 문제는 사건이 아니라 그것을 해석하는 마음이다. 욕심은 감정을 증폭시키고, 균형 잡힌 사람은 결과보다 과정에 집중한다. 수익이 아니라 판단의 일관성, 성과가 아니라 자신이 세운 기준을 지켜내는 데서 평정을 얻는다. 통제하려는 마음을 내려놓을 때 비로소 중심이 잡힌다. 내려놓음은 포기가 아니라 자신이 바꿀 수 없는 것을 인정하는 용기다.

냉정함은 꾸준한 훈련에서 자란다

냉정함은 타고나는 성격이 아니라 반복되는 습관에서 만들어진다. 욕심을 다스리려면 감정을 억누르지 말고 이해해야 한다. 마음이 흔들릴 때마다 멈추고 기록하라.

〈오늘 내가 느낀 욕심은 어떤 형태였나?〉

〈그 욕심은 어디서 비롯되었나?〉

이렇게 적는 순간 감정은 객관화된다. 한 투자자는 매일 아침 노트에 이렇게 썼다.

〈욕심은 내 안의 손님이다. 오늘도 잠깐 머물다 갈 것이다.〉

그는 말했다.

"그 문장을 쓰면 신기하게 마음이 가라앉아요."

감정을 통제하는 것은 감정을 없애는 게 아니라, 감정이 나를 지배하지 못하게 거리를 두는 일이다. 반복되는 관찰이 마음의 근육을 만든다. 결국 냉정함은 욕심보다 강한 습관에서 자란다.

너무 일찍 만족하는 마음이 성장을 막는다

사람은 손해보다 이익을 더 강하게 기억한다. 작은 성취를 얻으면 뇌는 즉각적인 보상을 느끼고, 그 순간 마음은 멈추려 한다. '이 정도면 됐지'라는 생각은 안정감을 주지만 동시에 성장을 멈추게 만드는 벽이 된다. 투자에서도 마찬가지다. 수익이 나면 안도감이 생기고, 그 감정이 목표를 낮춘다. 만족은 필요하지만 너무 빠른 만족은 스스로의 가능성을 제한한다. 멈춤이 필요할 때와 멈추면 안 될 때를 구분하지 못하면 평정이 아니라 정체가 온다. 성숙한 투자는 '더 벌고 싶은 마음'을 다스리는 일만큼이나, '이 정도면 됐다는 마음'을 경계하는 일에서 시작된다.

너무 이른 만족은 성취의 끝이 아니라 시작의 중단이다

한 투자자는 몇 년간 꾸준히 수익을 올렸다. 그는 신중했고 원칙을 잘 지켰지만 어느 순간 성장이 멈췄다. 이유를 묻자 '이 정도면 충분하다고 생각했어요.'라고 답했다. 그러나 문제는 그 '충분함'이었다. 만족은 그의 시선을 멈추게 만들었고, 경계심을 무디게 했다. 시장은 변했지만 그는 제자리였다. 결국 새로운 흐름을 놓치고 수익의 일부를 잃었다. 그는 깨달았다.

"멈춘다는 건 쉬는 게 아니라 놓치는 거구나."

너무 이른 만족은 자신을 보호하는 듯 보이지만 실제로는 성장을 멈추는 결정이다.

작은 성공에 익숙해질 때 성장은 멀어진다

한 번의 성공은 '이 방식이 정답이다'라는 착각을 만든다. 그러나 세상은 늘 변한다. 한 젊은 투자자는 1년간 꾸준히 이익을 얻었지만 다음 해에는 손실이 이어졌다. 그는 말했다.

"그동안 해오던 방식이 통하지 않는데 바꾸기 두려웠어요."

익숙함은 안전하지만 그 안에는 위험이 숨어 있다. 작은 성공에 안주하면 새로운 시도를 막고, 실수를 인정하지 못하게 만든다. 결국 그는 '한때 잘하던 사람'으로 남았다. 진짜 성장은 익숙함을 벗어날 때 일어난다. 스스로에게 만족하지 않는다는 건 불행이 아니라 발전의 시작이다.

성장은 불편함을 견디는 과정에서 일어난다

성장을 멈추게 하는 건 불안이 아니라 '불편함의 회피'다. 배움을 이어가기 위해선 모르는 것을 인정해야 하고, 새로운 환경에 적응해야 한다. 그러나 그 과정은 피로하고 에너지를 소모한다. 그래서 많은 사람은 익숙한 자리에서 머무른다. 하지만 성장은 늘 불편함의 경계에서 일어난다. 한 사업가는 말했다.

"매출이 안정됐을 때가 제일 위험했어요. 그때부터 배움을 멈췄거든요."

불편함을 견디는 사람은 위기를 기회로 바꾸지만, 안정에 머무는 사람은 위기를 두려움으로 바꾼다. 성장의 근육은 불편함 속에서 단단해진다.

만족을 목표로 삼으면 변화의 타이밍을 놓친다

'이만하면 됐다'는 생각이 드는 순간이 바로 변화를 준비해야 할 때다. 사람들은 손실이 날 땐 분석하고, 수익이 날 땐 생각을 멈춘다. 그러나 냉정한 사람은 반대로 행동한다. 한 투자자는 '이익이 날 때일수록 다음엔 무엇을 고칠지 기록한다.'고 말했다. 그는 성과를 분석의 출발점으로 삼았고, 시장의 흐름에 휘둘리지 않았다. 만족은 잠시의 휴식이 될 수 있지만 그 휴식이 길어지면 현실과의 거리가 벌어진다. 변화의 타이밍을 잡는 사람은 만족을 경계할 줄 아는 사람이다.

성장을 멈추지 않는 사람의 기준은 태도다

감정에 흔들리지 않으려면 성장의 기준을 숫자가 아니라 태도로 세워야 한다.

"오늘 나는 어제보다 더 냉정했는가?"

"오늘의 판단이 어제보다 덜 흔들렸는가?"

이런 질문이 진짜 성장의 척도다. 한 사람은 말했다.

"수익률이 아니라 내 마음의 일관성이 성취예요."

그는 결과보다 자신을 점검하는 루틴을 지켰고, 꾸준히 성장했다. 성장의 본질은 외부의 성과가 아니라 내면의 기준을 유지하는 데 있다. 만족은 외부에서 오지만, 성장은 내면에서 자란다. 완성보다 개선 속에서 머무는 마음이야말로 진짜 발전의 길이다.

03
손실을 피하려다 더 크게 흔들리는 심리

사람은 이익보다 손실에 훨씬 민감하게 반응한다. 같은 금액을 잃었을 때의 고통은 얻었을 때의 기쁨보다 몇 배 더 크게 느껴진다. 그래서 투자에서는 수익을 놓치는 것보다 손실을 보는 것을 훨씬 더 두려워한다. 이 감정은 본능이지만, 문제는 그 두려움이 판단을 바꾸기 시작할 때 생긴다. 손실을 피하려는 마음은 처음엔 자신을 보호하는 장치처럼 보이지만, 결국 더 큰 흔들림의 원인이 된다. 피하려는 마음이 행동을 불안하게 만들고, 불안한 행동이 다시 손실을 부른다. 손실을 피하려다 오히려 더 큰 손실을 만드는 역설은 바로 여기서 시작된다.

손실은 피하는 것이 아니라 다루는 것이다

한 사람은 투자 초기에 손실을 경험한 뒤 작은 하락에도 불안해하며 곧바로 매도했다. 처음엔 '안전하다'고 믿었지만 결과적으로 그는 늘 고점에서 사고 저점에서 팔았다. 그는 말했다.

"잃기 싫어서 팔았는데, 결국 그 마음 때문에 더 잃었어요."

손실은 누구에게나 불편하지만, 피하려는 순간 더 커진다. 손실을 피하려는 행동은 감정의 통제처럼 보이지만 사실은 감정의 지배다. 중요한 것은 손실을 없애는 것이 아니라, 손실을 다루는 법을 배우는 일이다. 냉정한 사람은 손실을 감정이 아닌 과정으로 본다. 손실은 실패가 아니라 배움의 일부이며, 그 인식이 흔들림을 줄인다.

두려움이 커질수록 판단은 흐려진다

손실 회피의 본질은 두려움이다. 두려움이 커지면 사람은 부정적인 정보만 더 크게 인식하고, 긍정적인 신호는 무시한다. 한 투자자는 주가가 5% 떨어졌을 때 공황에 빠져 매도 버튼을 눌렀지만 며칠 후 주가는 회복됐다. 그는 말했다.

"논리적으로 생각한다고 믿었는데, 사실은 불안이 저를 움직였어요."

불안은 생각보다 빠르고 강하다. 그때 사람은 '혹시 더 떨어지면 어쩌지?'라며 감정을 합리화한다. 하지만 두려움이 만든 논리는 언제나 감정의 이름을 하고 있다. 냉정함을 유지하려면 감정이 올라올 때 멈추는 힘이 필요하다. 판단의 기준을 감정이 아니라 원칙에 둘 때 비로소 두려움은 힘을 잃는다.

잃지 않으려는 마음이 더 큰 손실을 부른다

손실을 피하려는 마음은 사람을 조급하게 만든다. 작은 손해도 견디지 못하고 빠르게 만회하려는 충동이 생기며, 그 충동은 일종의 복수심으로 바뀐다.

"이번엔 반드시 되찾겠다."

이 마음이 생기는 순간 냉정한 판단은 사라진다. 한 투자자는 손실을 본 뒤 전보다 큰 금액을 투자했고, 결과는 또 손실이었다. 그는 말했다.

"그때 잃은 건 돈이 아니라 냉정함이었어요."

손실을 되찾겠다는 마음은 전략이 아니라 반응이다. 사람은 자신이 통제하고 있다고 믿을수록 더 위험해진다. 손실을 피하려다 감정의 파도에 휘말리면 판단의 기준은 사라지고, 모든 행동이 감정의 보복으로 변한다.

손실을 받아들이는 태도가 평정의 시작이다

손실을 피하려는 마음을 멈추려면 '잃음'을 다르게 바라봐야 한다. 손실은 잘못이 아니라 과정이다. 흔들리는 사람은 손실을 감정으로 보고, 성장하는 사람은 데이터로 본다. 감정이 앞서면 손실은 '패배'가 되지만, 이성으로 보면 '기록'이 된다. 한 투자자는 손실이 날 때마다 이유를 한 줄로 적었다. 처음엔 힘들었지만 시간이 지나자 변화가 생겼다.

"이제는 손실이 나도 덜 흔들려요. 제 감정을 눈으로 볼 수 있으니까요."

손실을 인정하면 감정이 제자리를 찾는다. 회피는 감정을 키우지만 인식은 감정을 진정시킨다. 손실을 받아들이는 태도는 실패를 견디는 용기이며, 평정의 첫걸음이다.

균형을 지키는 사람은 손실보다 흔들림을 먼저 본다

손실을 피하려는 사람은 결과만 본다. 그러나 균형을 유지하는 사람은 그 결과를 만든 감정의 흐름을 본다. 그들은 시장보다 자신을 먼저 점검하며 묻는다. '왜 이런 결과가 났을까?'보다 '왜 나는 이렇게 반응했을까?'를. 이 질문이 평정의 시작이다. 마음의 균형이란 감정을 억누르는 게 아니라 감정과의 거리를 조절하는 일이다. 손실을 완전히 피할 수는 없지만, 감정의 폭풍에 휘둘리지 않는 법은 배울 수 있다. 결국 투자는 시장과의 싸움이 아니라 자신과의 싸움이다. 손실을 피하려는 마음 대신 감정을 바라보는 마음을 키울 때, 사람은 비로소 흔들리지 않는 평정에 이른다.

04
흔들림 속에서도 중심을 지키는 법

세상에 완벽히 예측 가능한 투자는 없다. 시장은 끊임없이 오르내리고, 상황은 언제나 변한다. 그렇기 때문에 중요한 것은 흔들리지 않는 결과가 아니라, 흔들릴 때마다 중심을 되찾는 힘이다. 많은 사람들이 감정의 파도에 휩쓸려 급하게 결정을 내리고 후회한다. 그러나 중심을 지키는 사람은 불안해도 멈출 줄 알고, 혼란 속에서도 기준을 잃지 않는다. 중심이 있다는 것은 감정이 없다는 뜻이 아니라, 감정이 커져도 행동이 무너지지 않는 상태를 의미한다. 중심은 외부가 아닌 내부에서 만들어진다.

흔들림은 피할 수 없지만 휘둘림은 선택이다

흔들림은 누구에게나 찾아온다. 그러나 휘둘릴지는 스스로 정할 수 있다. 어떤 사람은 시장이 조금만 흔들려도 불안에 휩싸이지만, 어떤 사람은 같은 상황에서도 침착함을 유지한다. 그 차이는 감정의 크기가 아니라 감정과 행동 사이의 거리다. 감정이 올라올 때 바로 움직이면 휘둘리지만, 한 박자 늦게 판단하면 중심이 생긴다. 한 투자자는 말했다.

"불안할 땐 일부러 하루를 늦춰요. 그 하루가 나를 지켜줍니다."

그 한 걸음의 여유가 감정을 객관화시키고, 그 여유가 중심을 만든다. 흔들림은 피할 수 없지만 휘둘림은 선택이다.

기준은 중심을 세우는 기둥이다

흔들림 속에서 중심을 지키려면 명확한 기준이 필요하다. 기준이란 수익률이 아니라 행동의 원칙이다.

"어떤 상황에서도 이 범위를 벗어나지 않는다."

"감정이 흔들릴 때는 반드시 24시간을 두고 생각한다."

이런 원칙이 감정을 지탱하는 울타리가 된다. 한 투자자는 시장이 급락할 때도 평정했다. 그는 말했다.

"기준이 있으니 두렵지 않아요. 기준이 없으면 시장이 기준이 되거든요."

기준은 나를 지키는 경계선이다. 그 경계 안에서는 감정이 요동쳐도 방향은 변하지 않는다. 중심은 단단한 기준 위에서 세워진다.

불확실한 순간일수록 멈춤이 필요하다

사람들은 위기일수록 행동해야 한다고 믿지만, 진짜 중심은 멈춤에서 생긴다. 멈춤은 포기가 아니라 정렬의 시간이다. 자동차도 흔들릴 때 속도를 줄이고, 방향을 잡은 뒤 다시 달린다. 한 투자자는 불안할 때마다 거래 프로그램을 닫고 산책을 나갔다. 그는 말했다.

"걸으면서 생각하면 손이 멈춰요. 그리고 그 멈춤 덕분에 후회를 덜 하죠."

감정이 강할수록 행동을 멈추는 습관을 들여야 한다. 멈춤은 흔들림을 가라앉히고 중심으로 돌아갈 시간을 준다. 급할수록 쉬어야 한다는 역설은 투자뿐 아니라 인생에서도 통한다.

내면의 대화가 중심을 단단하게 만든다

중심을 지키는 사람은 감정과 대화한다. 그들은 불안을 부정하지 않고, 욕심을 인정한다.

"지금 나는 불안하다."

"지금 나는 욕심이 생겼다."

이렇게 스스로에게 말하면 감정이 객관화된다. 감정은 무시할수록 커지고, 인정할수록 작아진다. 한 사람은 매일 아침 자신에게 말했다.

"오늘 나는 평정할 것이다."

그 단순한 문장이 하루의 기준이 되었다. 내면의 대화는 마음의 방향을 바로잡는다. 중심이란 흔들리지 않는 상태가 아니라, 흔들릴 때마다 자신을 다시 세우는 능력이다.

결과보다 과정을 보는 사람이 중심을 지킨다

흔들림 속에서 중심을 잃은 사람은 결과에 집착한다. 수익이 나면 기쁘고, 손실이 나면 무너진다. 감정의 기준이 외부에 있기 때문이다. 반면 중심을 가진 사람은 과정에 집중한다.

"오늘의 결정은 내 기준에 맞았는가?"

이 질문 하나가 평정을 만든다. 한 투자자는 큰 손실 후에도 말했다.

"손실이 아니라 원칙을 지켰는지가 중요했어요."

중심이 있는 사람은 외부의 평가보다 내부의 일관성을 본다. 시장이 요동쳐도 마음의 기준이 흔들리지 않으면 결국 제자리로 돌아온다.

흔들림은 성장의 증거이자 평정을 배우는 기회다

흔들림이 있다는 건 감정이 살아 있다는 뜻이다. 중요한 건 그 감정 속에서도 자신을 잃지 않는 것이다. 감정의 파도는 누구에게나 오지만, 중심이 있는 사람은 그 파도를 타고 나아간다. 중심을 세운다는 건 불안이 없는 상태가 아니라 불안 속에서도 방향을 잃지 않는 상태다. 세상은 늘 변하지만, 자신을 믿는 태도는 변하지 않는다. 중심을 지키는 힘은 타고나는 것이 아니라 훈련과 반복에서 나온다. 결국 흔들림을 다루는 법을 아는 사람만이 진짜 균형을 배운다. 중심은 세상이 아닌 자신이 세우는 기준이며, 그 기준이 평정을 완성한다.

05
시장보다 나 자신을 먼저 이해하기

사람들은 투자를 시작할 때 시장을 이해하려 한다. 언제 오르고 내릴지, 어떤 산업이 유망한지, 뉴스의 흐름이 어디로 가는지를 끝없이 탐색한다. 그러나 시장은 누구도 완전히 예측할 수 없고, 진짜 어려운 것은 '나 자신'이다. 같은 상황에서도 어떤 사람은 침착하고, 어떤 사람은 불안해한다. 똑같은 손실을 봐도 누구는 견디고 누구는 무너진다. 투자는 시장을 이기는 싸움이 아니라 스스로의 감정을 다루는 싸움이다. 시장을 통제하려 하기보다 자신을 이해할 때 흔들리지 않는 중심이 생긴다.

시장은 거울이고, 그 안엔 내 모습이 비친다

시장은 늘 변한다. 오를 때는 탐욕이 커지고, 내릴 때는 두려움이 커진다. 그러나 그 모든 변화는 결국 사람의 심리가 만들어낸 결과다. 시장이란 거대한 집단의 감정이 모인 거울이다. 한 투자자가 이런 말을 했다.

"시장을 볼 때마다 내 마음이 그대로 보였어요. 불안할 땐 차트가 무섭게 느껴지고, 평정할 땐 그저 한 흐름일 뿐이었죠."

시장을 이해한다는 것은 내 감정을 읽는 일이다. 불안한 사람에게는 시장이 더 불안해 보이고, 욕심이 큰 사람에게는 모든 기회가 매력적으로 보인다. 시장의 방향보다 먼저 봐야 할 것은 내 마음의 방향이다. 감정이 흔들리면 모든 정보는 왜곡되고, 냉정함을 잃으면 단순한 데이터조차 위험한 신호로 변한다. 시장을 보기 전에 자신을 본다는 것은 곧 감정의 렌즈를 닦는 일이다.

나를 모르면 판단도 흔들린다

투자에서 가장 큰 실수 중 하나는 '자신이 어떤 투자자 타입인지 모르는 것'이다. 어떤 사람은 빠른 결정을 좋아하고, 어떤 사람은 느리지만 안정적인 방식을 선호한다. 그러나 대부분은 이 차이를 무시한 채 남의 방식을 따라 한다. 한 투자자는 친구가 단기간에 큰 수익을 냈다는 말을 듣고 같은 종목을 샀지만, 며칠 만에 불안해져 서둘러 팔았다. 그는 단기 매매를 시도했지만 그 방식이 자신에게 맞지 않았다. 시장의 변동성을 견디지 못했고, 가격이 조금만 움직여도 마음이 흔들렸다. 문제는 기간이 아니라 감정의 속도였다. 스스로를 모르면 시장보다 자신의 감정이 더 크게 흔들린다. 언제 불안해지고 어떤 상황에서 감정이 흔들리는지를 아는 사람은 이미 절반의 냉정함을 얻은 셈이다.

정보보다 중요한 건 해석의 태도다

같은 뉴스를 봐도 해석은 사람마다 다르다. 어떤 이는 위기 속에서 기회를 보고, 어떤 이는 기회 속에서 위험을 본다. 이는 정보의 차이가 아니라 '내면의 시선'의 차이다. 한 투자자는 이렇게 말했다.

"뉴스는 같았는데, 내 기분이 다르니까 그날 판단도 달랐어요."

그 말은 곧, 시장의 정보보다 마음의 상태가 더 중요하다는 뜻이다. 감정이 불안할 때는 나쁜 소식이 더 크게 들리고, 욕심이 커질 때는 경고조차 희미해진다. 그래서 냉정한 투자자는 시장을 해석하기 전에 스스로의 상태를 점검한다.

"지금 나는 불안한가, 흥분했는가?"

그 한 문장이 정보의 무게를 바꾼다. 시장을 읽는 능력은 사실상 자신을 읽는 능력이다. 해석의 방향이 감정에서 시작된다는 사실을 깨닫는 순간, 시장은 더 이상 두렵지 않게 된다.

감정의 패턴을 알면 흔들림을 줄일 수 있다

사람의 감정은 예측할 수 없다고 하지만, 일정한 패턴을 가지고 있다. 예를 들어, 수익이 나면 자신감이 생기고, 손실이 나면 과거의 성공을 되찾으려 한다. 이를 반복하는 동안 사람은 자신도 모르게 비슷한 행동을 되풀이한다. 한 투자자는 매번 손실을 본 뒤 같은 실수를 했다.

"잃은 돈을 빨리 메우려다 또 잃어요."

그가 이 습관을 바꾸게 된 계기는 기록이었다. 그는 매일 거래 후 감정을 기록했다.

〈오늘은 불안했지만 참았다.〉

〈오늘은 이익에 들떠 있었다.〉

이렇게 감정의 기록을 남기자, 자신이 어떤 상황에서 흔들리는지 명확히 보였다. 감정을 이해한다는 것은 감정을 없애는 것이 아니라 패턴을 인식하는 것이다. 감정의 흐름을 인식하면 그 흐름에 휩쓸리지 않는다.

남의 기준이 아닌 나의 속도로 간다

시장은 끊임없이 속도를 요구한다. 빠르게 결정하고, 빠르게 반응하라는 압박이 늘 존재한다. 그러나 자신을 이해한 사람은 서두르지 않는다. 그들은 시장보다 자신을 먼저 본다. '지금의 나에게 이 선택이 맞는가?'라는 질문을 던진다. 한 투자자는 한때 남들의 속도에 맞추려다 번번이 실패했다. 그는 이렇게 말했다.

"시장은 늘 급했지만, 내가 급하면 항상 틀렸어요."

그 이후로 그는 투자 기준을 바꿨다.

"남들이 움직일 때 난 멈춘다. 멈춘 후에 판단한다."

그 단순한 원칙이 그의 마음을 지켜줬다. 자신의 속도를 이해하는 사람은 시상의 소음 속에서도 길을 잃지 않는다. 속도를 늦춘다는 것은 기회를 놓치는 것이 아니라, 중심을 지키는 일이다.

자기 이해가 평정을 만든다

결국 투자에서 가장 큰 경쟁자는 시장이 아니라 '어제의 나'다. 시장은 변하지만, 감정의 패턴은 반복된다. 매번 같은 실수를 하는 이유는 시장의 문제보다 자기 이해의 부족 때문이다. 자신을 이해하는 사람은 손실 속에서도 무너지지 않는다. 그들은 말한다.

"내가 왜 이런 결정을 내렸는지를 알면 후회가 줄어요."

이해는 통제의 시작이다. 자신을 아는 사람은 감정을 통제할 수 있고, 감정을 통제하는 사람은 시장의 변화를 견딜 수 있다. 평정은 감정이 없는 상태가 아니라, 감정을 다스릴 줄 아는 상태다.

시장을 알기 전에 자신을 알아야 한다

모든 투자자는 시장을 연구하지만, 가장 먼저 해야 할 연구는 자신이다. 자신이 어떤 상황에서 불안을 느끼고, 언제 조급해지는지를 모른다면 어떤 전략도 오래가지 않는다. 결국 시장은 이해할수록 복잡해지고, 사람은 이해할수록 단순해진다. 단순해진 마음은 흔들리지 않는다. 자신을 이해하는 일은 투자뿐 아니라 삶 전체를 바꾼다. 감정을 이해하는 사람이 돈을 다스리고, 마음의 균형을 지키는 사람이 시장을 다스린다. 시장보다 나 자신을 먼저 이해하는 일, 그것이 평정으로 향하는 가장 확실한 길이다. 결국 흔들림을 이기는 힘은 지식이 아니라 자기 인식에서 나온다. 시장을 분석하기 전에 자신을 돌아보는 습관, 그것이야말로 숫자보다 중요한 마음의 균형의 완성이다.

돈에 휘둘리지 않는 사람들

01
혼란 속에서도 침착함을 유지하는 사람의 비밀

시장은 언제나 흔들린다. 오르는 날이 있으면 내리는 날도 있고, 투자자는 그 사이에서 불안과 기대를 오간다. 수많은 정보와 뉴스, 숫자 속에서 사람들은 하루에도 여러 번 감정의 롤러코스터를 탄다. 그러나 이런 혼란 속에서도 놀라울 만큼 침착함을 유지하는 사람들이 있다. 그들은 같은 상황에서도 다르게 반응한다. 공포가 밀려올 때 급히 손을 내밀지 않고, 탐욕이 번질 때 서두르지 않는다. 그 차이는 정보의 양이 아니라 마음의 태도에서 나온다. 침착함은 타고나는 성격이 아니라, 스스로 단련해 만들어가는 내면의 기술이다.

혼란은 누구에게나 오지만, 모두가 흔들리진 않는다
시장에 처음 들어온 사람들은 종종 이렇게 말한다.
"이제는 감정에 흔들리지 않겠지."
하지만 예기치 못한 급락이나 주변의 불안한 말 한마디에 그 다짐은 쉽게 무너진다. 같은 상황에서도 누군가는 차분히 분석하고, 누군가는 감정적으로 반응한다. 이 차이는 정보가 아니라 감정의 거리에서 생긴다. 침착한 사람은 혼란을 '위기'가 아니라 '과정'으로 본다. 그들은 감정이 들썩일수록 한 걸음 늦추고, 천천히 움직인다. 반면 흔들리는 사람은 시장의 변화를 곧 자신의 문제로 받아들인다. 침착함은 결국 감정과 사건 사이에 거리를 두는 능력이다.

생각의 속도를 늦추는 사람만이 중심을 잡는다

혼란스러운 순간, 사람의 뇌는 빠르게 판단하려는 본능을 가진다. 그러나 침착한 사람은 반대로 속도를 늦춘다. 한 투자자는 시장이 급락했을 때 이렇게 말했다.

"나는 먼저 숨을 깊게 들이마시고 아무것도 하지 않았다."

단순하지만 이 '멈춤'이 큰 차이를 만들었다. 대부분의 사람은 즉시 반응하지만, 침착한 사람은 '지금 당장 할 필요가 있을까?'를 묻는다. 생각의 속도를 늦추면 감정의 온도도 내려간다. 급할수록 잠시 멈추는 습관, 그것이 혼란 속 침착함의 출발점이다.

정보의 양보다 해석의 온도를 낮춘다

요즘은 정보가 넘쳐난다. 수많은 뉴스, 댓글, 분석이 실시간으로 쏟아진다. 하지만 침착한 사람은 정보를 다르게 본다. 그들은 '얼마나 많이 아는가'보다 '어떻게 받아들이는가'를 더 중시한다. 한 투자자는 이렇게 말했다.

"뉴스는 내 감정을 자극하기 위해 만들어진다는 걸 깨달았어요."

이후 그는 뉴스를 볼 때마다 '이건 사실인가, 해석인가?'를 구분하기 시작했다. 정보의 진위보다 해석의 방향을 점검하는 습관은 감정을 단단하게 만든다. 침착한 사람은 시장을 과장하지 않고, 감정의 온도를 낮춘 채 현실을 바라본다.

감정의 파도 위에서도 기준을 잃지 않는다

침착함을 유지하려면 마음속 기준이 필요하다. 기준이 없는 사람은 상황에 따라 감정이 요동치지만, 기준이 있는 사람은 그 중심으로 균형을 잡는다. 한 투자자는 자신만의 규칙을 세웠다.

"하락장에는 팔지 않는다. 대신 3일 동안 아무 행동도 하지 않는다."

그는 말했다.

"3일이 지나면 감정의 절반은 사라져요. 남은 절반으로 판단하면 훨씬 명확해요."

이 단순한 규칙이 불안한 마음을 붙잡는 닻이 되었다. 기준이 단순할수록 감정의 흔들림은 줄어들고, 침착함은 단단해진다.

손실을 다르게 바라보는 태도가 침착함을 만든다

혼란 속에서 침착한 사람과 흔들리는 사람의 가장 큰 차이는 손실에 대한 태도다. 대부분의 사람은 손실을 실패로 여기고, 빨리 만회해야 한다는 압박에 시달린다. 그러나 침착한 사람은 손실을 과정으로 본다. 그들은 말한다.

"이 손실은 내 감정을 점검할 기회다."

한 투자자는 폭락장에서 20%의 손실을 입었지만, 거래를 멈추고 투자 일지를 정리했다. 그는 말했다.

"손실을 통해 내 감정이 얼마나 불안한지 배웠어요."

손실을 두려움이 아닌 학습으로 보는 태도, 그것이 침착함의 본질이다.

침착함은 이기기 위한 기술이 아니라, 감정을 견디는 태도다. 시장은 언제나 인간의 감정을 시험한다. 침착한 사람은 불안을 피하지 않고, 감정을 억누르지도 않는다. 대신 묻는다.

"지금 나의 판단은 두려움 때문인가, 신념 때문인가?"

이 질문이 그들을 중심으로 돌려놓는다. 결국 시장을 이기는 사람은 공포나 탐욕이 아니라 자기 자신을 다스린 사람이다. 침착한 마음이야말로 가장 강력한 투자 전략이며, 그 평정 속에서 진짜 기회가 보인다.

손실을 받아들이는 용기

투자를 시작하는 대부분의 사람은 '잃지 않기'를 목표로 삼는다. 누구나 손실을 두려워한다. 그러나 시장에서 오래 살아남는 사람들은 한 가지 사실을 깨닫는다. 손실은 피하는 것이 아니라 받아들여야 하는 과정이라는 것을. 돈이 오가는 곳에는 언제나 불확실성이 존재하며, 아무리 분석을 해도 예측은 완벽하지 않다. 그래서 손실을 받아들이는 용기란 단순한 마음의 위로가 아니라, 현실을 인정할 수 있는 냉정한 태도다. 이 용기가 없다면 사람은 감정에 휘둘리고, 같은 실수를 반복한다.

손실은 실패가 아니라 과정이다

대부분의 사람은 손실을 실패로 여긴다. 주가가 하락하면 자신을 탓하고, 시장의 불공정을 원망한다. 그러나 진짜 실패는 손실 자체가 아니라, 그 안에서 아무것도 배우지 못하는 것이다. 한 젊은 투자자는 처음엔 손실이 생길 때마다 괴로워했다. 하지만 시간이 지나면서 깨달았다.

"시장은 나를 괴롭히는 게 아니라 단련시키는 거였어요."

그 후 그는 수익보다 배움을 먼저 보기 시작했다. 손실은 투자자가 자신을 비추는 거울이다. 그 거울을 피하지 않고 마주보는 사람이 결국 성장한다.

손실을 두려워할수록 판단은 왜곡된다

손실을 피하고 싶은 마음은 본능이지만, 그 두려움이 커지면 판단은 흐려진다. 어떤 이는 손절 시기를 놓치고, 또 어떤 이는 빨리 복구하려다 무리한 매수를 반복한다. 한 남성 투자자는 30% 손실을 만회하려고 또 다른 종목에 자금을 몰아넣었다가 더 큰 손실을 봤다. 그는 나중에 말했다.

"그때는 돈이 아니라 내 자존심을 되찾고 싶었던 것 같아요."

손실의 두려움은 자존심과 맞닿아 있다. 이를 인식하지 못하면 시장이 아니라 자신에게 패배한다. 두려움을 줄이려면 결과보다 과정에 집중해야 한다. 감정이 아닌 원칙이 행동을 이끌 때 손실의 무게는 줄어든다.

손실의 이유를 분석할 줄 알아야 한다

손실을 받아들인다는 것은 단순히 '괜찮다'고 넘기는 게 아니다. 그 안에서 이유를 찾고, 다음을 준비하는 태도다. 한 투자자는 매 거래 후 감정과 결과를 함께 기록했다. 어느 날 그는 깨달았다.

"불안할 때 산 주식은 거의 손실로 끝났어요."

그는 시장이 아니라 자신의 감정이 문제였음을 알았다. 이후 그는 매매 전 반드시 감정 상태를 점검했다. 손실을 기록하고 분석하는 습관은 감정의 개입을 줄이고 객관성을 회복시킨다. 감정 대신 데이터를 바라볼 때 투자자는 한 단계 성숙해진다.

손실을 인정하는 순간 회복이 시작된다

손실을 부정할수록 회복은 늦어진다. 손실을 직시하는 것은 고통스럽지만, 그 고통이 지나야 새로운 출발이 가능하다. 한 직장인은 실패를 숨긴 채 괴로워했지만, 친구에게 솔직히 털어놓은 후 마음이 훨씬 가벼워졌다고 했다. 그는 말했다.

"숫자는 잃었지만, 마음은 되찾았어요."

손실을 인정한다는 것은 자신을 용서하는 일이다. 잃음 속에서도 스스로를 비난하지 않고 '이 또한 지나갈 과정'이라 여기는 사람만이 다음 기회를 준비할 수 있다. 손실을 받아들이는 용기는 결국 자기 자신을 포용하는 힘에서 나온다.

손실은 성장의 언어다

모든 손실에는 메시지가 있다. 그것은 시장의 변화 신호이자 감정의 경고다. 그러나 많은 사람은 그 메시지를 읽지 못한다. 손실이 커질수록 감정이 앞서고, 감정이 앞서면 배움은 사라진다. 한 투자자는 이렇게 일기를 썼다.

〈이 돈은 사라졌지만, 대신 참을성을 배웠다.〉

그는 손실을 가르침으로 번역했다. 그렇게 손실은 끝이 아닌 시작이 된다. 손실을 두려움이 아닌 학습의 기회로 해석할 줄 아는 사람은 다시 일어선다. 왜냐하면 그는 잃음 속에서도 의미를 찾는 법을 배웠기 때문이다.

손실을 받아들이는 용기란 돈의 문제가 아니라 마음의 성숙이다. 현실을 부정하지 않고, 감정을 억누르지 않으며, 그 안에서 자신을 다듬는 일이다. 손실을 인정할 줄 아는 사람은 결코 무너지지 않는다. 오히려 그 잃음의 자리에 단단한 기준과 내면의 평정을 세운다. 돈을 잃는 것은 일시적이지만, 태도를 잃는 것은 영원하다. 손실을 받아들일 줄 아는 사람만이 결국 진짜로 자유로워지고, 그 자유가 다시 가장 큰 수익으로 돌아온다.

조급함 대신 기다림을 선택하는 법

사람은 기다림에 약하다. 기다린다는 건 단순히 시간을 보내는 일이 아니라 불안을 견디는 일이다. 돈이 걸린 상황이라면 그 불안은 훨씬 커진다. 이익이 눈앞에 있을 때는 손이 먼저 움직이고, 손실이 예상될 때는 마음이 흔들린다. 그래서 조급함은 언제나 실수를 부르고, 기다림은 언제나 평정을 만든다. 하지만 기다림은 아무것도 하지 않는 게 아니다. 그것은 행동하지 않기로 결정하는 능동적인 태도이며, 감정을 제어하는 가장 강력한 도구다.

조급함은 불안의 다른 이름이다

조급한 사람은 늘 자신이 뒤처진다고 느낀다. 남들이 벌고 있다는 소식, 뉴스에 등장하는 급등 종목, 주변의 성공담은 마음을 자극한다. '나도 해야 하지 않을까?'라는 생각이 들면 이미 냉정함은 흔들리고 있다. 한 사람은 투자 초기에 늘 이런 조급함에 시달렸다. 그는 매일같이 차트를 들여다봤고, 조금이라도 움직임이 보이면 매매를 반복했다. 하지만 결과는 늘 비슷했다. 수익은 작고 손실은 컸다. 그는 어느 날 깨달았다.

"나는 시장을 보는 게 아니라 내 불안을 보고 있었어요."

조급함은 감정이 만든 환상이다. 우리는 시장의 움직임보다 내 마음의 불안에 반응할 때가 더 많다. 결국 조급함은 외부의 압력이 아니라, 스스로 만든 내면의 긴장이다.

기다림은 냉정함을 되찾는 시간이다

기다림을 잘하는 사람은 결코 게으르지 않다. 그들은 시장을 멈춰두고 자신을 돌아본다. 한 투자자는 이렇게 말했다.

"매일 매매하진 않지만, 매일 기록은 남깁니다."

그는 기다리는 동안 자신의 감정을 관찰했다. 어떤 날은 불안했고, 어떤 날은 지나친 자신감에 빠졌다. 그 과정을 반복하며 그는 감정의 흐름을 읽는 법을 배웠다. 기다림은 감정을 잠재우는 시간이 아니라, 감정을 이해하는 시간이다. 마음이 흔들릴 때 행동하면 후회가 남지만, 마음이 고요할 때 내리는 결정은 오래간다. 기다림은 냉정을 회복시키는 가장 단순하면서도 확실한 방법이다.

속도를 늦추는 것이 결국 성장의 시작이다

조급함은 언제나 속도를 높이려는 욕망에서 나온다. 그러나 투자의 세계에서 빠름은 곧 불안함이다. 한 사람은 시장이 불안정할 때마다 오히려 루틴을 더 단단히 지켰다. 그는 이렇게 말했다.

"시장 속도가 빠를수록 내 생활 속도는 늦춥니다."

그는 남의 리듬을 따르지 않고, 자신의 리듬을 지켰다. 기다림은 결국 자신을 믿는 행위다. 타인의 속도에 맞추면 불안이 커지고, 나의 속도에 맞추면 평정이 생긴다. 기다림은 단순한 인내가 아니라 자기 확신의 표현이다. 나의 판단이 옳을 수도 있고 틀릴 수도 있지만, 그 판단을 믿는 태도는 흔들리지 않는다.

기다림이 감정을 다스리는 이유

감정은 순간적이지만, 기다림은 지속적이다. 조급한 사람은 감정에 휩쓸려 하루를 결정하지만, 기다리는 사람은 시간의 힘을 믿는다. 한 사람은 급락장에서도 커피를 내리고 일지를 썼다. 그는 이렇게 말했다.

"시장이 요동칠수록 내 하루는 평소와 같아야 합니다."

그가 말한 평정은 훈련이었다. 기다림은 감정의 속도를 늦추는 과정이며, 평정을 반복 훈련하는 시간이기도 하다. 감정이 지나가야 현실이 보인다. 기다림은 그 현실을 마주할 여유를 만들어준다.

기다림은 투자보다 삶의 태도다

기다림은 단지 돈을 다루는 기술이 아니라 마음을 다루는 태도다. 기다림을 아는 사람은 서두르지 않고, 서두르지 않는 사람은 크게 흔들리지 않는다. 조급한 사람은 순간의 이익에 집중하지만, 기다리는 사람은 장기적인 균형을 본다. 기다림은 시간을 버리는 것이 아니라 시간을 내 편으로 만드는 것이다. 기다리는 동안 배움이 쌓이고, 배움 속에서 통찰이 자란다. 기다림의 본질은 결국 자신과의 신뢰다. 조급함은 감정이 나를 끌고 가는 상태라면, 기다림은 내가 감정을 이끄는 상태다. 기다림을 선택하는 순간, 투자뿐 아니라 삶에서도 중심이 잡힌다.

기다림이 주는 진짜 평정

기다림은 모든 감정을 이길 수 있는 힘이다. 불안할 때도, 욕심이 올라올 때도, 손실이 생겼을 때도 기다림은 우리를 다시 중심으로 돌려놓는다. 기다림은 신뢰에서 시작되고, 신뢰는 평정으로 이어진다. 조급함은 즉각적인 결과를 원하지만, 기다림은 과정을 믿는다. 조급한 사람은 늘 결과를 바꾸려 하지만, 기다리는 사람은 자신을 바꾼다. 기다림은 결국 투자에서 가장 큰 무기이자, 삶을 단단히 만드는 태도다. 돈의 속도를 따라가는 대신 마음의 속도를 선택하는 순간, 진짜 성장은 이미 시작된 것이다.

04
꾸준함이 결국 이긴다

사람들은 꾸준함의 힘을 과소평가한다. 처음에는 누구나 열정적으로 시작하지만 시간이 지나면 흥미가 줄고, 성과가 보이지 않으면 포기한다. 그러나 진짜 성장은 짧은 성취가 아니라 긴 과정에서 일어난다. 투자에서도 마찬가지다. 꾸준한 사람은 시장의 변동에 흔들리지 않고, 자신이 세운 기준을 지키며 하루하루를 쌓아간다. 꾸준함은 단순한 인내가 아니라, 감정을 다스리고 방향을 유지하는 기술이다. 꾸준함은 속도가 아니라 리듬이고, 그 리듬을 잃지 않는 사람이 결국 이긴다.

꾸준함이 평정을 만든다

꾸준한 사람은 불안 속에서도 흔들리지 않는다. 한 투자자는 매일 아침 같은 시간에 일어나 뉴스를 보고, 전날의 기록을 정리했다. 큰 변동이 있든 없든 그 리듬은 바뀌지 않았다. 그는 말했다.

"시장보다 나의 하루가 중요했어요."

그의 말에는 중요한 의미가 있다. 꾸준함은 외부의 상황을 통제하는 힘이 아니라, 나의 리듬을 유지하는 힘이다. 감정이 요동칠 때도 루틴을 지키면 마음의 진동이 줄어든다. 사람들은 성과가 꾸준함을 만든다고 생각하지만, 사실 꾸준함이 성과를 만든다.

불안한 사람일수록 꾸준함이 필요하다

불안은 갑작스러운 결정을 부르고, 그 결정은 후회를 만든다. 꾸준함은 그런 불안의 파도를 차분히 잠재운다. 한 사람은 이렇게 말했다.

"나는 불안할 때마다 루틴으로 돌아가요. 기록하고, 정리하고, 잠시 멈춥니다."

그는 이 단순한 습관 덕분에 시장의 혼란 속에서도 흔들리지 않았다. 꾸준한 사람은 불안을 없애려 하지 않는다. 대신 불안을 흘려보내며 일상을 유지한다. 그것이 평정의 기술이다. 꾸준함은 마음의 닻처럼 작지만 단단한 버팀목이 되어준다.

꾸준함은 열정보다 오래간다

처음 투자에 나선 사람들은 대부분 빠른 결과를 원한다. 그러나 빠른 성공은 일시적이고, 꾸준한 성장은 지속적이다. 한 젊은 투자자는 단기간의 수익에 들떴지만, 급락이 시작되자 자신감이 무너졌다. 이후 그는 결심했다.

"이제는 빨리 가는 대신 오래 가겠다."

그는 매일 같은 시간에 시장을 점검하고, 매달 한 번 포트폴리오를 검토했다. 놀랍게도 2년 뒤 그는 꾸준함이 수익보다 더 큰 자산이 된다는 걸 깨달았다.

"꾸준함은 나를 지치지 않게 하는 루틴이었어요."

열정은 시작을 돕지만, 꾸준함은 끝까지 가게 만든다.

꾸준한 사람은 감정보다 원칙을 따른다

감정은 하루에도 수십 번 바뀌지만 원칙은 변하지 않는다. 꾸준한 사람은 감정의 흐름보다 자신이 세운 원칙을 더 신뢰한다. 한 투자자는 이렇게 말했다.

"나는 감정이 흔들릴 때마다 원칙을 다시 읽습니다."

그는 시장의 방향이 아닌 자신의 방향을 확인했다. 꾸준함은 감정의 기복을 줄이고, 판단의 기준을 지켜준다. 꾸준하지 않은 사람은 감정의 파도 위에서 하루를 살고, 꾸준한 사람은 원칙이라는 배 위에서 멀리 항해한다. 결국 차이는 감정이 아닌 습관에서 생긴다.

꾸준함은 반복을 견디는 힘이다

사람들은 반복을 지루해하지만, 반복 속에서 실력이 자란다. 꾸준한 사람은 작은 행동을 매일 반복한다. 한 투자자는 매일 저녁 10분 동안 오늘의 결정을 돌아보았다.

"오늘 내가 감정적으로 움직였는가?"

그는 하루의 감정을 기록하며 자신을 관찰했다. 6개월 후, 그는 감정의 패턴을 스스로 읽을 수 있게 됐다. 반복은 단조로워 보이지만, 그 안에서 내면의 변화를 일으킨다. 꾸준한 사람은 성장의 속도를 재지 않는다. 단지 어제보다 조금 나은 오늘을 쌓는다.

꾸준함은 믿음을 만든다

꾸준한 사람은 자신을 믿는다. 하루의 기록이 쌓일수록 자신에 대한 신뢰가 생긴다. 신뢰는 자신감이 아니라 근거 있는 평정이다. 한 투자자는 이렇게 말했다.

"매일 같은 일을 하다 보면, 불안할 때도 결국 돌아올 자리가 있다는 걸 알게 돼요."

꾸준함은 불안한 세상 속에서도 돌아올 '자신의 자리'를 만든다. 그 자리가 있다는 확신이 평정을 낳는다. 믿음은 한 번의 성공으로 만들어지지 않는다. 꾸준함이 쌓인 시간이 믿음을 대신한다.

꾸준함은 결국 흔들리지 않는 태도를 만든다

꾸준한 사람은 결과에 연연하지 않는다. 그들은 하루의 과정을 믿고, 그 과정을 지키는 데 집중한다. 한 사람은 이렇게 말했다.

"나는 이익을 쫓기보다, 오늘 내 할 일을 다했는가를 묻습니다."

꾸준함은 불안정한 세상에서 유일하게 통제 가능한 영역이다. 꾸준함이 쌓이면 감정은 차분해지고, 판단은 선명해진다. 세상은 변하지만 나의 리듬은 변하지 않는다. 결국 꾸준함은 감정을 이기는 습관이며, 시간이 만든 가장 강력한 무기다.

이기는 사람은 꾸준한 사람이다

꾸준함은 단순한 반복이 아니라, 흔들리지 않는 태도다. 하루의 작은 선택이 쌓여 방향을 만든다. 감정에 휘둘리지 않고, 조급함에 휩쓸리지 않는 힘이 꾸준함에서 나온다. 꾸준함은 빠르게 오르내리는 시장보다 느리지만, 끝까지 가는 사람만이 도착점에 선다. 꾸준함은 평정의 다른 이름이며, 결국 그것이 진짜 승리다. 오늘의 작은 반복이 내일의 큰 차이를 만든다. 꾸준한 사람은 결과를 기다리지 않는다. 그들은 이미 과정 속에서 이기고 있기 때문이다.

05
진짜 부자는 마음을 다스리는 법을 안다

진짜 부자는 돈을 다루는 사람처럼 보이지만, 사실은 마음을 다스리는 사람이다. 많은 사람은 부를 숫자나 자산으로 생각하지만, 시간이 지나면 깨닫는다. 돈은 마음의 거울이고, 감정의 크기가 재산의 안정성을 결정한다는 사실을. 돈을 많이 버는 사람보다 오래 지키는 사람이 진짜 부자이며, 그 힘은 감정의 균형에서 나온다. 불안할 때 흔들리지 않고, 욕심이 생겨도 스스로를 제어하며, 손실 앞에서도 냉정함을 잃지 않는 태도, 그것이 부의 본질이다. 결국 부를 만드는 기술보다 중요한 것은 마음을 관리하는 기술이다.

돈보다 먼저 마음이 흔들린다

돈을 잃는 이유의 대부분은 시장이 아니라 마음에서 시작된다. 한 투자자는 주가가 하락할 때마다 불안에 휩싸였다. 숫자를 확인할수록 감정이 요동치고, 결국 조급하게 매도했다. 이후 주가는 반등했고,

그는 후회했다.

"시장이 아니라 내가 나를 이기지 못했어요."

진짜 부자는 손실을 두려워하지 않는다. 대신 감정의 변화를 감지하고 통제한다. 돈을 다스리려면 먼저 마음을 다스려야 한다. 마음이 흔들리면 판단이 늦고, 감정이 앞서면 행동은 틀린다. 결국 돈은 감정을 닮아 움직인다.

감정을 다스리는 사람은 기회를 본다

감정이 요동칠수록 시야는 좁아진다. 두려움은 위험을 과장하고, 욕심은 가능성을 왜곡한다. 그러나 감정을 다스릴 줄 아는 사람은 위기 속에서도 기회를 본다. 한 투자자는 시장이 급락하던 날 오히려 매수 버튼을 눌렀다. 사람들은 놀랐지만 그는 말했다.

"공포는 일시적이고, 기회는 그 안에 숨어 있죠."

그는 감정을 믿지 않고 원칙을 믿었다. 두려움을 다스리면 타이밍이 보이고, 욕심을 다스리면 소음이 사라진다. 평정 속에서만 통찰이 생기고, 그 통찰이 부를 만든다.

조급함을 멀리하는 것이 진짜 여유다

조급함은 불안의 다른 이름이다. 사람들은 빨리 부자가 되고 싶어 하지만, 조급한 마음은 실수를 낳는다. 한 투자자는 말했다.

"조급할수록 손해를 봤고, 느긋할수록 기회가 왔어요."

그는 시장의 속도를 좇지 않고 자신의 속도를 유지했다. 하루아침에 부자가 될 수는 있지만, 그 부를 오래 지키는 사람은 평정과 꾸준함을 가진 사람뿐이다. 진짜 부자는 조급함 대신 기다림을 선택한다. 기다림은 단순한 인내가 아니라, 확신이 만든 행동의 여유다. 여유는 감정을 가라앉히고 판단을 맑게 한다.

욕심을 다스리는 사람만이 돈을 소유한다

돈은 욕심을 자극하지만, 진짜 부자는 욕심을 이기는 법을 안다. 한 사업가는 말했다.

"돈이 많아질수록 쓸 줄 아는 게 더 어렵더군요."

그는 어느 순간 깨달았다.

"돈이 나를 지배하는 게 아니라, 내가 돈을 선택해야 한다."

그래서 그는 수익의 일부를 꾸준히 기부하며 욕심을 다스렸다. 욕심은 멈출 때 조절되고, 나눌 때 정리된다. 욕심을 다스리지 못하면 돈은 축복이 아니라 짐이 된다. 진짜 부자는 돈을 모으는 것보다, 돈에 지배당하지 않는 자유를 더 소중히 여긴다.

진짜 부자는 감정이 아니라 원칙으로 산다

돈은 언제나 인간의 감정을 시험한다. 주가가 오르면 자만하고, 떨어지면 세상을 원망한다. 하지만 진짜 부자는 감정의 파도에 흔들리지 않는다. 한 사람은 매달 일정 금액만 투자하는 습관을 수년째 유지했다. 시장이 오르든 내리든 원칙은 변하지 않았다. 그는 말했다.

"감정보다 원칙이 더 믿을 만해요."

부자는 시장을 통제하려 하지 않는다. 대신 자신이 세운 기준으로 세상을 바라본다. 원칙은 마음의 나침반이고, 그 방향을 잃지 않는 것이 부를 지키는 길이다.

진짜 부는 숫자에 있지 않다. 돈을 벌어도 불안하면 가난하고, 손실을 봐도 평정하면 부자다. 마음의 상태가 재산의 크기를 결정한다. 진짜 부자는 결과보다 마음의 균형을 더 중요하게 여긴다. 그들은 말한다.

"돈은 오르내리지만, 내 마음은 내가 결정한다."

마음을 다스린다는 건 세상을 통제하는 것이 아니라 자신을 통제하는 일이다. 결국 진짜 부자는 돈을 소유한 사람이 아니라, 마음을 잃지 않은 사람이다.

투자에도 휴식이 필요하다

01
몰입이 지나치면 시야가 좁아진다

투자를 시작한 사람이라면 누구나 한 번쯤 '몰입'이라는 단어에 매혹된다. 열심히 분석하고 공부하는 것이 곧 성공으로 이어질 것처럼 느껴지기 때문이다. 실제로 몰입은 초보 투자자에게 필요한 에너지이자 성장의 원동력이다. 하지만 그 몰입이 일정선을 넘는 순간부터 문제는 시작된다. 몰입은 집중과 집착의 경계에 서 있고, 그 선을 넘는 순간 시야는 급격히 좁아진다. 모든 판단이 단기 이익에 맞춰지고, 감정의 파도 속에서 이성은 점점 힘을 잃는다. 돈이 오가는 세계에서는 냉정한 사고보다 즉흥적 감정이 먼저 반응한다. 그래서 몰입은 성장을 이끄는 도구이지만 동시에 자신을 소모시키는 덫이 되기도 한다.

몰입의 시작은 열정이지만, 끝은 불안이다
한 직장인은 퇴근 후 시간을 쪼개 주식 공부를 시작했다. 처음엔 단순한 호기심이었다. 그는 매일 시장 뉴스를 읽고, 자신만의 원칙을 세우며 성취감을 느꼈다. 그러나 몇 번의 수익을 맛본 뒤부터 열정은 불안으로 바뀌었다. 아침에 눈을 뜨면 주가를 확인하고, 일 중에도 손이 스마트폰으로 향했다. 작은 하락에도 마음이 요동쳤고, 가족과의 시간마저 불편했다. 몰입이 배우는 즐거움에서 벗어나 감정의 소모로 변한 것이다. 몰입은 성장의 수단이지만, 지나치면 마음을 갉아먹는 고리가 된다.

집착이 시야를 좁힌다

몰입이 집착으로 변하면 시세의 작은 움직임에도 감정이 흔들린다. 이는 단순한 정보 과잉의 문제가 아니라 감정의 과열 때문이다. 사람은 손실에 민감하기 때문에 작은 하락에도 '놓치면 안 된다'는 공포를 느낀다. 이 불안은 화면을 계속 새로고침하게 만들고, 결국 판단의 기준을 흐리게 한다. 시장의 본질은 넓고 복잡하지만 집착은 그것을 한 점으로 축소시킨다. 오히려 잠시 눈을 돌려야 흐름이 보이는데, 몰입의 함정에 빠진 사람일수록 그걸 가장 두려워한다.

노력과 불안을 혼동할 때 생기는 착각

많은 사람은 자신이 '성실하다'고 믿지만, 그 속엔 불안이 숨어 있다. 불안은 쉬지 못하게 만든다. 손을 놓으면 기회를 잃을 것 같고, 멈추면 뒤처질 것 같은 압박이 몰아친다. 그래서 더 자주 확인하고 더 빨리 결정하지만, 과도한 정보는 판단을 선명하게 하지 않는다. 오히려 감정을 자극하고 혼란을 키운다. '이번엔 다를 거야'라는 생각은 불안을 감춘 채 조급함을 합리화할 뿐이다. 결국 노력은 불안을 달래는 도구로 바뀌고, 자신을 점점 몰아세운다.

몰입이 시야를 가릴 때 나타나는 행동들

몰입이 깊어질수록 사람은 단기적 움직임에 매달린다. 하루의 등락에 일희일비하고, 계좌의 숫자가 감정의 온도를 결정한다. 판단은 논리가 아니라 감정의 산물이 된다. 한 번 손실을 보면 '이번엔 반드시 만회해야 한다'는 심리가 생기고, 수익을 얻으면 '나는 이제 안다'는 착각에 빠진다. 두려움과 과신은 투자에서 가장 위험한 쌍둥이다. 결국 몰입이 깊어질수록 시장을 보는 것이 아니라 자신과 싸우게 된다.

한 걸음 물러서야 전체가 보인다

몰입이 나쁜 것은 아니다. 다만 그 몰입이 지속될수록 시야가 좁아지기에 의도적 거리두기가 필요하다. 매일 시장을 바라보기보다 일주일에 한 번 흐름을 정리하거나, 투자 일기로 감정을 객관화하는 것도 방법이다. 어떤 투자자는 급락한 날일수록 산책을 나간다고 한다. 마음의 온도를 식히면 다음 날 더 명확하게 시장이 보인다. 잠시 멈추는 시간이 판단의 여유를 만든다. 물러설 때 전체가 보이고, 여유가 있을 때 기회가 보인다.

쉼은 몰입을 지탱하는 루틴이다

많은 사람은 '쉬는 것'을 게으름이라 생각하지만, 투자에서의 쉼은 전략이다. 쉼은 생각의 여백을 만들어 감정을 안정시키고, 다음 결정을 위한 에너지를 회복시킨다. 몰입만 계속되면 감정은 지치고 판단은 피로해진다. 결국 '왜 시작했는가'를 잊는다. 반대로 일정한 간격으로 멈추는 사람은 더 오래간다. 하루 10분 일기로 감정을 점검하거나, 한 주 거래를 멈추고 정리하는 것도 휴식이다. 쉼은 멈춤이 아니라 리셋이며, 리셋은 몰입을 지속시키는 힘이다.

삶과 투자의 리듬은 같다

삶에서도 사람은 늘 빠르게 가야 한다는 압박 속에 살지만, 속도가 빠를수록 시야는 좁아진다. 잠시 멈출 때 비로소 방향이 보이고, 마음은 균형을 찾는다. 투자도 같다. 몰입이 깊을수록 멈춤이 필요하고, 그 멈춤 속에서 시야는 다시 넓어진다. 시장은 늘 움직이지만, 사람의 마음은 때로 멈춰야 한다. 진짜 강한 투자자는 빠른 사람이 아니라 멈출 줄 아는 사람이다.

투자의 본질은 속도가 아니라 균형이다. 몰입은 성장의 시작이지만, 쉼은 그 성장을 지속시키는 완충 장치다. 쉼을 모르는 몰입은 자신을 소모시키고, 판단을 흐리게 만든다. 잠시 멈춰 감정을 돌아볼 때 비로소 시장은 선명해진다. 마음의 쉼은 시야의 확장이며, 그것이야말로 흔들리지 않는 투자자의 진짜 힘이다.

02
목표를 쫓을수록 실수는 커진다

투자를 시작한 사람들은 대부분 분명한 목표를 세운다. 누군가는 1년에 10% 수익을, 누군가는 일정 자산 규모를, 또 누군가는 경제적 자유를 꿈꾼다. 목표는 방향을 잡아주는 나침반이지만, 동시에 마음을 조급하게 만드는 짐이 되기도 한다. 특히 돈이 걸린 목표는 단순한 계획이 아니라 감정의 무게를 동반한다. 목표를 세운 순간 사람은 자신도 모르게 결과를 통제하려 하고, 계획대로 되지 않으면 불안과 초조가 스며든다. 투자 세계에서 이 불안은 작은 실수를 부풀리고, 한 번의 판단 착오를 연속된 행동으로 바꾼다. 결국 목표는 사람을 이끄는 대신, 사람을 몰아붙이는 힘으로 변한다.

목표가 클수록 감정의 진폭도 커진다
한 대학생은 아르바이트로 모은 돈으로 주식투자를 시작했다. 그의 목표는 '1년 안에 천만 원을 만들자'였다. 처음에는 계획적이었고,

분산 투자로 시장을 배웠다. 하지만 시간이 지나도 수익이 늘지 않자 조급함이 커졌다. 주변 친구들이 성공하는 모습을 보며 그는 안정적인 종목 대신 급등주에 손을 댔다. 결과는 큰 손실이었다. 문제는 목표 자체가 아니라, 목표에 집착한 태도였다. 그는 시장이 아닌 숫자만 바라봤고, 그 숫자가 그의 감정을 지배했다. 목표가 커질수록 감정의 폭이 커지고, 감정이 커질수록 실수는 깊어진다.

계획은 이성의 산물이지만 집착은 감정의 그림자다

사람은 목표를 세우며 자신을 통제할 수 있다고 믿는다. 하지만 시장은 예측 불가능하다. 예상치 못한 뉴스와 변수는 언제든 계획을 흔든다. 그럴 때 사람은 '곧 회복할 거야'라며 자신을 설득한다. 하지만 이런 합리화는 불안을 잠시 감추는 대신 더 큰 위험을 부른다. 목표가 강할수록 손실을 인정하지 못하고, 감정은 판단을 덮어버린다. 목표를 향한 의지는 좋지만, 그것이 유연함을 잃게 만들면 오히려 족쇄가 된다. 목표를 세웠다면 동시에 '놓을 때'를 아는 것도 중요하다.

성과에 집착할수록 과정은 사라진다

투자의 본질은 수익률이 아니라 과정이다. 그러나 많은 사람은 목표 숫자에만 집중한다. 목표 달성 여부로 자신을 평가하기 시작하면 시장을 보는 시야가 좁아진다. '이번 달엔 10%를 벌어야 한다'는 생각은 감정을 자극하고, 하루의 등락에 따라 기분이 바뀐다. 이때의 매매는 전략이 아니라 반응이다. 수익을 쫓다 보면 원칙은 사라지고,

시장의 흐름은 놓친다. 결국 손실이 쌓이고, 조급함은 더 커진다. 목표를 쫓는다는 건 현재를 잃는다는 뜻이며, 과정이 사라진 자리에 남는 것은 피로뿐이다.

목표보다 리듬을 지켜라

성공하는 사람들은 목표보다 리듬을 중시한다. 리듬은 시장을 대하는 태도이자 감정의 흐름을 조절하는 방식이다. 일정한 리듬이 있으면 단기 성과에 흔들리지 않고 장기적인 균형을 유지할 수 있다. 반대로 목표만 바라보면 리듬은 깨지고, 판단은 불안정해진다. 한 투자자는 이렇게 말했다.

"내가 시장을 통제할 수 없다는 걸 인정한 뒤부터 마음이 편해졌어요."

그는 매일 아침 10분간 투자 일기를 쓰며 감정을 점검했다. 목표보다 자신의 리듬을 관리한 결과 오히려 수익이 안정됐다. 결국 중요한 건 목표가 아니라, 그 목표를 향해 가는 속도와 호흡이다.

방향을 잃지 않으려면 멈출 줄 알아야 한다

목표는 구체적일수록 좋다고 하지만, 투자에서는 예외다. 숫자는 감정의 기준이 되기 때문이다. '올해 얼마를 벌겠다'보다 '시장을 이해하겠다'는 목표가 훨씬 건강하다. 방향은 유연하지만 목표는 고정되어 있다. 시장은 끊임없이 변하므로 고정된 목표에 매달리면 반드시 충돌이 생긴다. 그래서 때로는 멈추는 것이 필요하다. 하루를 쉬거나, 일주일에 한 번 시장에서 벗어나 스스로를 돌아보는 시간은 감정을 정화시킨다. 쉬운 포기가 아니라 재정비이며, 멈춤 속에서 방향이 선명해진다.

투자는 목표를 이루는 경쟁이 아니라 균형을 지키는 여정이다. 목표를 쫓을수록 조급함은 커지고 실수는 늘어난다. 그러나 여유를 가진 사람은 방향을 잃지 않는다. 마음이 조용하면 시장이 보이고, 감정이 잔잔하면 기회가 보인다. 시장을 이기는 사람은 가장 빨리 달리는 사람이 아니라, 가장 오래 걷는 사람이다. 여유 있는 걸음만이 흔들리지 않고 끝까지 도착할 수 있다.

03
일상 속에서 감정을 회복하는 법

투자를 오래 하다 보면 누구나 한 번쯤은 '감정이 지쳤다'는 순간을 맞이한다. 처음엔 단순히 숫자를 다루는 일처럼 보이지만, 시간이 지날수록 마음이 시장의 움직임에 흔들리기 시작한다. 계좌의 색깔이 하루 기분을 좌우하고, 작은 손실에도 불안이 스며든다. 사람들은 이런 감정을 단순히 '멘탈 관리'의 문제로 여기지만, 실제로는 일상의 균형이 무너진 결과다. 감정은 하루아침에 무너지지 않는다. 대신 반복된 긴장과 피로가 쌓이며 조금씩 균열이 생긴다. 그래서 투자를 지속하려면 수익보다 감정 회복의 습관을 들이는 것이 더 중요하다. 감정이 회복되어야 판단이 명확해지고, 판단이 명확해야 행동이 흔들리지 않는다.

감정은 시장보다 예측하기 어렵다
많은 사람들은 시장은 어렵지만 감정은 스스로 다스릴 수 있다고 믿는다. 그러나 현실은 정반대다. 시장의 움직임보다 더 불안정한 것은 인간의 감정이다. 그날의 기분, 수면, 관계, 건강 상태에 따라 같은 상황에서도 판단은 달라진다. 어떤 이는 손실을 보고도 '괜찮아, 다시 기회가 오겠지'라며 넘기지만, 다른 이는 '왜 이렇게 바보 같은 선택을 했을까'라며 자책한다. 이 차이는 실력의 문제가 아니라 감정 회복력의 문제다. 감정이 불안정하면 시장이 더 잔인하게 느껴지고, 손실은 더 크게 다가온다. 결국 감정을 다스리지 못하면 시장이 아니라 자신에게 지게 된다.

작은 루틴이 감정을 되살린다

감정 회복은 거창한 방법이 아니라 일상의 작은 습관에서 시작된다. 규칙적인 기상 시간, 식사, 충분한 수면 같은 기본적인 루틴이 마음을 안정시킨다. 몸이 안정되면 판단도 고요해진다. 한 투자자는 매일 아침 10분간 '감정 노트'를 썼다. 그날의 기분, 실수, 불안을 기록하며 스스로를 돌아봤다. 그는 이렇게 말했다.

"글로 적으면 감정이 눈앞에 보이니까 정리가 돼요."

이 단순한 습관이 그를 냉정하게 만들었다. 감정을 회복하는 첫걸음은 그것을 외면하지 않고 인정하는 것이다.

하루에 한 시간은 시장과 단절하라

감정이 피로한 사람들의 공통점은 '멈춤이 없다'는 것이다. 알림이 울리면 즉시 확인하고, 잠들기 전까지 뉴스와 차트를 본다. 이런 상태에선 마음이 쉴 틈이 없다. 감정은 긴장이 풀릴 때 자연스럽게 회복되지만, 쉼 없이 자극을 받으면 점점 마모된다. 그래서 하루 중 최소 한 시간은 시장과 완전히 분리된 시간을 가져야 한다. 책을 읽거나 산책을 하거나, 커피를 마시며 아무 생각도 하지 않는 시간 말이다. 이런 '텅 빈 시간'이야말로 감정의 충전소다. 멈추면 시야가 넓어지고, 비워야 다시 채워진다.

대화는 감정을 정화하는 통로다

혼자 투자하는 사람일수록 감정의 늪에 빠지기 쉽다. 실패를 나눌 사람도, 불안을 털어놓을 대상도 없기 때문이다. 그러나 감정은 혼자 품을수록 왜곡된다. 누군가에게 이야기하는 순간 그 감정은 객관적인 형태를 띠기 시작한다. 한 투자자는 손실을 본 날 친구에게 전화해 이렇게 말한다고 했다.

"오늘은 좀 망했어. 근데 괜찮아, 시장은 내일도 열리니까."

내용보다 중요한 건 그가 감정을 '나누었다'는 사실이다. 대화는 감정의 숨통을 틔우고, 스스로를 객관화하게 만든다. 감정은 고립 속에서 회복되지 않는다. 누군가와의 연결이 곧 회복의 시작이다.

자연과 취미는 마음의 리듬을 되살린다

도심의 빠른 리듬 속에서 살다 보면 마음도 그 속도에 맞춰 달린다. 그러나 자연은 다르다. 나무는 서두르지 않고, 바람은 조급해하지 않는다. 사람은 자연 속에서 무의식적으로 자신의 리듬을 되찾는다. 주말에 공원을 걷거나 강이나 바다를 바라보는 시간은 단순해 보이지만 감정의 속도를 늦춘다. 한 투자자는 '숫자에서 벗어나면 사람 냄새가 나요.'라고 말했다. 자연은 감정을 식히는 가장 단순하고 확실한 공간이다. 또 요리, 그림, 음악 같은 취미도 같은 역할을 한다. 완전히 다른 활동에 몰입할 때 감정은 스스로 정화된다. 그 시간 동안 '투자하는 나'를 잠시 내려놓는 것이다.

감정을 돌보는 일은 자신을 돌보는 일이다. 감정이 불안하면 판단은 단기적이 되고, 쉬지 못하면 시장의 작은 파동에도 흔들린다. 반대로 감정이 안정된 사람은 어떤 상황에서도 차분하다. 하루의 루틴 속에 감정 회복의 시간을 넣는 것은 단순한 생활 관리가 아니라 투자 전략이다. 감정이 안정되면 시야가 넓어지고, 시야가 넓어지면 기회가 보인다. 시장을 이기는 사람은 데이터를 잘 다루는 사람이 아니라 마음을 이해하는 사람이다. 일상 속 감정 회복은 특별한 기술이 아니라, 자신을 천천히 되돌아보는 연습이다. 그렇게 자신을 다스리는 사람이 결국 시장에서도 자신을 지킨다.

멈출 때 보이는 새로운 가능성

투자를 시작하면 대부분의 사람은 '멈춘다'는 말을 두려워한다. 시장은 매일 움직이고, 기회는 언제든 사라질 것처럼 느껴진다. 그래서 손가락은 쉬지 않고 움직이고, 마음은 뉴스와 숫자 속에서 끊임없이 경주한다. 그러나 멈춘다는 건 뒤처짐이 아니라 회복이다. 더 멀리 가기 위해 숨을 고르고, 더 깊이 보기 위해 한 걸음 물러서는 일이다. 시장의 흐름은 늘 변하지만, 모든 변화에 반응할 필요는 없다. 멈추는 사람만이 방향을 보고, 방향을 보는 사람만이 길을 잃지 않는다.

멈춤은 실패가 아니라 회복의 시간이다

한 직장인은 3년 동안 단 하루도 주식시장을 놓지 않았다. 출근길엔 시세를 확인하고, 점심시간엔 뉴스를 읽으며, 퇴근 후엔 그래프를 분석했다. 처음엔 성과가 있었지만, 시간이 지날수록 수익보다 피로가 더 쌓였다. 결국 그는 '한 달간의 투자 휴식'을 선언했다. 처음 일주일은 불안했지만, 시간이 지나자 머리가 맑아졌다. 시장과 떨어져 보니 놓쳤던 균형이 보였다. 휴식이 끝난 뒤 그는 훨씬 차분한 시선으로 시장을 바라봤다. 그제야 깨달았다. 멈춤은 손실이 아니라 준비였다는 것을.

불안은 멈춤을 방해하는 가장 큰 적이다

사람이 멈추지 못하는 가장 큰 이유는 불안이다. '지금도 누군가는 벌고 있을 텐데', '내가 쉬는 동안 기회가 사라지면 어떡하지' 같은 생각이 마음을 조급하게 만든다. 그러나 이런 불안은 대부분 상상 속의 그림자다. 실제로 시장은 언제나 새로운 기회를 만든다. 한 투자자는 매달 마지막 주를 '노 트레이딩 주간'으로 정했다. 처음엔 손해 보는 기분이었지만, 시간이 지나자 그 주간이 다음 달 전략을 세우는 핵심 시간으로 바뀌었다. 멈춤은 패배가 아니라 감정을 회복하고 시야를 넓히는 기술이다. 불안을 다스리는 사람만이 멈춤을 선택할 수 있다.

생각이 정리될 때 새로운 통찰이 열린다

멈추지 못하는 사람은 생각이 많아 보이지만, 그 속에는 정리가 없다. 반면 멈출 줄 아는 사람은 생각을 정돈할 여백을 가진다. 멈추는 동안 사람은 자신이 왜 투자하는지, 어떤 방향을 지향하는지를 돌아본다. 손실을 복구하려는 조급함보다 장기적인 성장이 보이기 시작한다. 한 투자자는 매일 밤 차트를 보지 않고 감정을 적는 일지를 썼다.

〈오늘은 매매를 하지 않았다. 대신 내 마음이 어떻게 움직였는지 적었다.〉

이 단순한 기록이 곧 성찰이었다. 멈춤은 생각을 정리하게 만들고, 정리된 생각은 다시 중심을 세운다. 시야의 넓이는 정보가 아니라 여유에서 생긴다.

멈춤은 방향을 재설정하는 나침반이다

속도를 올릴수록 방향을 잃기 쉽다. 사람은 빠르게 움직이면 목표에 가까워진다고 믿지만, 실제로는 더 멀어질 때가 많다. 멈춤은 방향을 되찾는 나침반이다. 길을 걷다 지도를 다시 확인하는 것처럼, 잠시 멈춰야 자신이 어디에 있는지 알 수 있다. 빠른 매매보다 중요한 건 '지금 내가 어디쯤 와 있는가'를 자각하는 일이다. 멈춤의 시간은 자신의 위치를 점검하고, 불필요한 습관을 버리며, 새로운 전략을 세우는 여유를 준다. 계속 움직이는 사람은 길을 잃지만, 잠시 멈춘 사람은 전체 지도를 본다.

멈춤 속에서 창의력과 균형이 깨어난다

흥미롭게도 멈출 때 비로소 새로운 생각이 떠오른다. 쉬지 않고 움직이는 사람은 눈앞의 데이터만 보지만, 멈춘 사람은 그 사이의 관계를 본다. 그것이 바로 통찰이다. 한 투자자는 이렇게 말했다.

"아이디어는 항상 시장을 떠났을 때 떠올라요. 샤워할 때, 산책할 때, 커피 마실 때."

긴장이 풀릴 때 뇌는 서로 연결되지 않았던 점들을 잇는다. 멈춤은 단순한 휴식이 아니라 창의적 사고의 토양이다. 또한 멈춤은 삶의 균형을 되찾게 한다. 시장에 몰입한 한 투자자는 가족과의 시간을 잃었지만, 매주 일요일 '시장 금식의 날'을 만든 후 웃음이 돌아왔다. 마음이 회복되자 판단도 명확해졌다.

멈춘다는 것은 포기가 아니라 선택이다. 속도를 늦추면 방향을 바꿀 수 있고, 방향을 바꾸면 더 나은 길이 열린다. 쉼 없이 달리는 사람은 같은 실수를 반복하지만, 멈출 줄 아는 사람은 같은 자리에서 새로운 길을 본다. 투자는 달리기의 경쟁이 아니라 멈춤의 예술이다. 멈춘다는 것은 시간을 낭비하는 게 아니라 되찾는 일이다. 그 시간 속에서 우리는 자신을 돌아보고, 감정을 회복하며, 더 단단한 기준을 세운다. 잠시 멈출 때 비로소 보이는 가능성, 그것이야말로 진짜 기회다.

여유가 결국 최고의 수익률을 만든다

투자의 세계에서는 늘 '속도'와 '타이밍'이 강조된다. 남들보다 빨리 사고팔아야 한다는 압박, 한순간의 기회를 놓치면 다시는 돌아오지 않을 것 같은 불안이 사람들을 몰아붙인다. 그러나 경험이 쌓일수록 깨닫게 된다. 가장 큰 수익을 주는 것은 조급한 판단이 아니라 여유 있는 마음이라는 사실을. 여유는 단순히 느긋함이 아니라 균형 잡힌 사고의 근원이다. 여유를 가진 사람은 시장의 소음 속에서도 중심을 지키고, 감정의 파도 속에서도 냉정함을 유지한다. 시장을 이기는 힘은 정보의 속도가 아니라 마음의 속도에서 나온다.

조급함은 판단을 흐리고, 여유는 시야를 넓힌다

조급한 투자자는 늘 '지금 아니면 안 된다'는 생각에 쫓긴다. 그러나 기회를 좇는 사람보다 여유를 가진 사람이 진짜 기회를 포착한다. 한 투자자는 자신에게 '30분의 규칙'을 만들었다. 사고 싶은 종목이 생겨도 30분 동안 아무 행동도 하지 않는 것이다. 그 시간 동안 그는 묻는다.

"이건 진짜 기회인가, 아니면 감정의 반응인가?"

30분이 지나면 대부분의 충동은 사라졌다. 여유는 생각의 간격을 만들고, 그 간격 속에서 감정이 아닌 이성이 작동한다. 결국 여유는 시간을 늦추는 기술이 아니라, 판단을 늦추는 용기다.

여유가 만든 수익은 오래 남는다

단기 수익에 집착하는 사람은 급등 차트만 바라본다. 하지만 빠르게 얻은 수익은 빠르게 사라진다. 반면 여유로운 투자자는 시장의 리듬을 존중한다. 한 중년 투자자는 매년 초에 포트폴리오를 세우고, 이후엔 거의 손을 대지 않는다. 그는 단기 변동에 흔들리지 않고 기업의 변화를 느긋하게 지켜본다. 그의 수익률은 출렁이지 않았지만 꾸준히 상승했다. 그는 말했다.

"내가 버틴 게 아니라, 여유가 대신 버텨준 거예요."

여유는 버팀의 다른 이름이고, 버팀은 결국 수익으로 이어진다.

마음이 조용해야 기회가 보인다

시장은 늘 소음을 낸다. 뉴스의 자극적인 제목, 커뮤니티의 루머, 주변의 수익 자랑이 감정을 흔든다. 이런 소음 속에서는 진짜 신호가 들리지 않는다. 여유를 잃은 사람은 불안에 쫓겨 불필요한 매매를 반복하지만, 마음이 조용한 사람은 같은 상황에서도 다른 것을 본다.

한 투자자는 이렇게 말했다.

"내가 시장을 지켜보던 날보다 아무것도 하지 않은 날의 수익이 더 많았어요."

조용한 마음은 최고의 분석 도구다. 여유를 가진 사람은 기다림 속에서 시장의 흐름을 읽고, 다른 이들이 떠드는 동안 침묵으로 준비한다.

여유는 감정을 다스리는 습관이다

여유는 타고나는 성격이 아니라 만들어지는 습관이다. 조급함은 본능이지만, 여유는 선택이다. 어떤 투자자는 큰 손실을 겪은 후 감정을 조절하기 위해 '느린 하루 루틴'을 만들었다. 아침엔 뉴스를 보지 않고, 출근길엔 음악을 들으며 생각을 정리했다. 퇴근 후에는 거래 대신 감정을 기록했다. 그는 말했다.

"예전엔 그래프가 조금만 내려가도 심장이 뛰었는데, 지금은 그냥 흐름으로 보여요."

여유는 감정의 속도를 낮추는 훈련이며, 그 훈련이 쌓이면 흔들림이 줄어든다. 감정의 진폭이 줄어드는 만큼 수익의 안정성은 커진다.

멈춤 속에서 수익은 자란다

여유는 멈춤에서 비롯된다. 여유 있는 사람은 거래를 줄이고, 시장을 멀리할 줄 안다. 시장은 늘 기회를 주지만, 사람은 쉬지 않으면 그 기회를 볼 수 없다. 한 투자자는 매달 마지막 주를 '무매매 주간'으로 정했다. 그 주엔 단 한 번도 거래하지 않고 지난 한 달을 돌아봤다. 놀랍게도 그 시간 덕분에 다음 달의 수익률이 더 높아졌다. 그는 말했다.

"시장보다 나를 먼저 봤더니 길이 보였어요."

멈춤은 손실을 막는 게 아니라, 더 큰 기회를 준비하는 과정이다.

여유는 투자뿐 아니라 삶의 태도다

투자에서의 여유는 삶의 여유와 같다. 급하게 사는 사람은 돈뿐 아니라 관계와 건강까지 잃는다. 반면 여유를 아는 사람은 삶과 투자의 리듬을 일치시킨다. 한 여성 투자자는 말했다.

"주가가 오를 땐 기분이 좋고, 내릴 땐 그냥 산책을 나가요."

여유는 상황을 통제하는 힘이 아니라, 상황을 받아들이는 태도다. 시장이 흔들려도 마음이 흔들리지 않으면, 그것이 이미 수익이다.

빠름보다 정확함, 조급함보다 지속함이 중요하다. 여유가 없으면 목표는 앞에 있지만 도착은 멀어진다. 여유가 있는 사람은 느리지만 꾸준히 도착한다. 빠름은 일시적이지만 여유는 지속적이다. 시장을 앞서려 하지 말고 견뎌라. 조급함은 돈을 잃게 하지만, 여유는 자신을 지킨다. 진정한 승자는 시장이 아니라 자신에게 이기는 사람이며, 그들의 무기는 언제나 같다. 서두르지 않는 마음, 그것이 여유다.

일 잘하는 사람들의 비밀 노트 08
처음부터 배우는 투자 심리학

초판 1쇄 발행 2025년 11월 25일

지은이 백광석
펴낸이 백광석
펴낸곳 다온길

출판등록 2018년 10월 23일 제2018-000064호
전자우편 baik73@gmail.com

ISBN 979-11-6508-655-8 (13320)

이 책은 저작권법에 따라 보호받는 저작물이므로 무단 전재와 무단 복제를 금지하며,
이 책 내용의 전부 또는 일부를 이용하려면 반드시 저작권자와 다온길의 서면동의를
받아야 합니다.

잘못 만들어진 책은 구입하신 서점에서 교환해 드립니다.
책값은 뒤표지에 있습니다.